성서로
만나는
맹자의
세계

이종찬 지음

성서로 만나는 맹자의 세계

도서출판 모시는사람들

머리말

 게으름 때문인지 바닥난 밑천 때문인지는 모르겠지만, 지천명(知天命)의 나이를 넘기고서야 비로소 맹자를 또박또박 마주하게 되었습니다. 대학원 시절이니 아마 30여 년 전쯤, 지금은 중앙대에서 가르치는 이석형 교수의 도움을 받아 여러 학형들과 함께 쩔쩔매며 맹자를 읽었던 기억이 더욱 새롭습니다.

 이 책 『성서로 만나는 맹자의 세계』에 구태여 별명을 붙인다면, 아마도 '천명(天命)의 복음서'쯤 되지 않을까 싶습니다. 성서의 율법서 즉 토라(Torah)를 주석해 나가는 느비임(Nebiim. 예언서) 전통과 비슷한 위상을 지니고 있기 때문이지요. 그래서인지 내용상으로는 맹자가 사서 중에 가장 버거운 두께였음에도 불구하고, 성서의 예언서를 바탕으로 나란하게 큰 어려움없이 원고를 마무리하게 되었습니다.

 언제나 그랬듯이, 『맹자』 본문은 역시 율곡의 『사서언해(四書諺解)』(성균관대학교 養賢齋 영인본)가 든든한 길잡이가 되어 주었습니다. 아울러 김용옥의 『맹자, 사람의 길』(상·하, 통나무, 2012)은 성서와의 창조적 비교 작업을 이끌어주는 해석학적 비평과 영감을 끊임없이 제공해 줍니다. 읽다 보니, 김용옥 님의 성서비평학이 좀더 정밀하게 이루어진다면 훌륭한 고전이 될 수 있겠다는 아쉬움도 남았습니다. 늘 그랬듯이 나란히 옮긴 성서는 낯익은 『개역성서(성서공회)』입니다.

무엇보다도 필자의 어려운 처지를 이해하고 배려해 주신 새소망교회의 박춘희 담임목사님과 여러 장로님, 권사님과 집사님들의 도움 또한 빼놓을 수 없습니다. 이분들의 보살핌이 없었다면, 결코 이 책은 세상에 빛을 볼 수 없었을 겁니다.

그리고 말없이 컴퓨터를 나누어쓰며 이 순롓길을 함께 걸어준 사랑하는 아내 숙과 가은, 희은, 주한 삼남매에게 공동저자의 이름을 내어주어야 마땅할 겁니다. 세월을 더할수록 이들의 소중함이 가슴에 절절함은 그야말로 하늘의 오묘한 섭리가 아닐 수 없습니다.

사족으로, 회혼(回婚)을 앞두신 노령에도 자식을 위해 쉼없이 기도하시는 부모님이 눈앞에 아른거립니다. 비좁은 처소도 아랑곳하지 않고 물심양면으로 도와주신 사랑은 그 끝을 헤아릴 수 없습니다. 덕분에 별탈없이 원고를 출판사로 넘길 수 있었습니다. 아울러 보잘것 없는 글이 박길수 대표님의 손을 거치며 멋진 책으로 태어나는 것을 보면, 어렸을 적 읽은 마법사 이야기가 거짓이 아니었음을 새삼스레 느끼며 인사를 대신합니다.

바우살이씀

머리말 / 4

1장

양혜왕 I

먼저 그의 나라와
그의 의를 구하라

1-1 _____

너희는 먼저 그의 나라와 그의 의를 구하라 그리하면 이 모든 것을 너희에게 더하시리라. [마 6,33]

맹자가 양혜왕을 만나니, 왕이 말했다. "어르신께서 먼길 마다 않고 오시니, 이제 우리나라가 부자되겠네요." 맹자가 대답했다. "임금님, 어찌 잇속만 따지십니까. 다만 어짊(仁)과 의(義)를 생각하십시오. 임금님이 부자 나라만 꿈꾸면, 신하들은 제 집안 불리기만 힘쓰고, 선비나 무지렁이들 또한 제 몸뚱아리만 챙깁니다. 그러면 나라는 온통 뒤죽박죽 되지요. 백만을 다스리는 임금을 넘보는 자는 십만을 다스리는 신하이고, 십만을 다스리는 임금을 넘보는 자는 일만을 다스리는 신하입니다. 백만이 십만을 취하고, 십만이 일만을 취하는 일은 흔합니다. 진실로 의로움을 제쳐두고 이익만 탐하면, 욕심은 끝이 없지요. 모름지기 어진 이는 부모를 버리지 않으며, 의로운 이는 임금을 저버리지 않습니다. 임금님이 늘 어짊과 의로움을 생각하셔야지, 어찌 잇속을 따지십니까?"

다른 날, 맹자가 양혜왕을 만났다. 왕이 호수에서 기러기와 사슴을 구경하며 말했다. "현자도 이런 것을 즐깁니까?" 맹자가 대답했다. "지혜로운 사람이라야 이런 것을 제대로 즐길 수 있습니다. 지혜롭지 못하면 이런 낙을 누릴 수 없지요. 『시경』에서는 이렇게 노래합니다. '(문왕께서) 영대를 짓느라 자로 재고 틀을 짜니, 온 백성이 달려와 며칠 만에 뚝딱이구나. 서두르지 말라 해도 모두가 기꺼이 나서네. 임금께서 누각에 계시니, 암수 사슴이 어우러지고 온갖 새들이 춤추네. 임금께서 호수를 거니시니, 떼지어 물고기가 노니는구나.' 옛적에 문왕이 누각을 짓고 호수를 만들게 했지요. 백성들은 하나같이 기뻐하며, 영대라 이름하고 그 호수를 영소라 부릅니다. 뭇 사슴과 물고기와 어우러지니, 백성 모두 즐거이 노닐었습니다. 그런데 『탕서』는 폭군을 가리켜 말합니다. '이놈의 햇볕은 나와 너 모두를 망치는구나!' 이는 나라가 망하기를 바라는 꼴입니다. 그러니 높다란 누각이나 새와 짐승이 가득한 호수가 무슨 소용일까요?"

1-2 _____

너희 중에 누구든지 으뜸이 되고자 하는 자는 모든 사람의 종이 되어야 하리라.[막 10,44]

양혜왕이 말했다. "나는 나라를 위해 날마다 노심초사하고 있습니다. 강남이 흉년이면 강북으로 백성을 옮겨주고 곡식도 나누어줍니다. 강북이 흉년이면 또한 마찬가지입니다. 이웃나라를 둘러봐야 별 볼 일 없는데, 이웃나라 백성이 줄지 않고 내 나라 백성은 늘지 않는군요." 맹자가 말했다. "전쟁을 좋아하시니 예를 들어보지요. 북소리와 싸움이 맹렬한데, 갑옷을 버리고 사람들이 달아납니다. 그런데 오십 걸음 도망한 이가 백 걸음 도망한 이를 손가락질하면 어떨까요?" 왕이 말했다. "우습군요. 도망한 것은 똑같습니다." 맹자가 말했다. "임금님도 마찬가지입니다. 이웃나라만 쳐다보지 마세요. 때를 따라 농사하면 곡식은 충분합니다. 촘촘한 그물이 아니라면 물고기는 남아돕니다. 마구 베어 내지만 않으면 재목 또한 넘쳐나지요. 곡식과 물고기가 넉넉하고 재목이 충분하면, 백성은 부족함이 없습니다. 이것이 왕도(王道)의 첫걸음입니다. 집 둘레에 뽕나무를 심으면 옷감이 충분하고, 소와 닭과 가축을 돌보면 고기 또한 넉넉합니다. 때를 따라 논밭에서 일하면, 동네 사람 모두가 배부르지요. 옛 가르침을 되새겨 서로 돌보고 아끼면, 늙은이가 길거리에서 쓰러질 일도 없습니다. 온 동네가 입고 먹고 살기에 넉넉하니, 무지렁이조차 굶거나 추울 일이 없지요. 그러면 임금님은 가만히 뒷짐지고 있어도 됩니다. 개, 돼지가 사람 음식을 빼앗는데도 나 몰라라 하고, 길거리에 굶주린 시체가 널려도 못 본 체 합니다. 사람이 죽어도 모른 척 하며 세상 때문이라 미룬다면, 창으로 찔러 죽이고도 군졸 때문이라 핑계하는 것과 다를 바 없습니다. 임금님이 모르는 척하시면, 천하 백성이 들고 일어설 겁니다."

1-3 _____

칼을 쳐서 보습을 만들고 창을 쳐서 낫을 만들 것이며….[미 4,3]

양혜왕이 말했다. "한 말씀 부탁합니다." 이에 맹자가 물었다. "사람을 죽이매, 몽둥이와 칼이 다를까요?" 왕이 대답했다. "똑같지요." 또 물었다. "칼로 죽이는 것과 정치를 잘못해 죽이는 것이 다를까요?" 왕이 말했다. "똑같지요." 맹자가 말했다. "(궁 안의) 부엌에는 고기가 그득하고 마굿간에는 말들이 토실토실한데, 백성들은 배를 곯고 들에는 시체가 널렸습니다. 이는 짐승을 보살피느라 백성을 잡아먹는 꼴입니다. 짐승이 서로 잡아먹는 것도 꺼림칙하기 그지없습니다. 하물며 백성의 부모가 짐승을 돌본답시고 백성을 잡아먹는다면, 차마 백성의 부모라고 얘기할 수 있나요? 공자는 말합니다. '허수아비라도 순장(殉葬)하면 천벌을 받으리라.' 이는 사람 모양을 만들어 쓰는 것조차 삼가라는 겁니다. 하물며 살아 있는 백성을 굶어 죽게 내버려 둘까요." 양혜왕이 말했다. "선생께서 알다시피 진나라는 천하 대국입니다. 동쪽 제나라에게 패하여 큰아들이 죽었고, 서쪽 진나라에게 칠백 리를 뺏겼으며, 남쪽 초나라에게 패했습니다. 원통하고 면목이 없어, 이제 설욕하려는데 어쩌면 좋을까요?" 맹자가 대답했다. "백 리 땅이라도 임금은 임금입니다. 어질게 다스리며, 형벌을 그치고, 세금을 줄여주세요. 열심히 땅을 일구며, 틈틈이 배우고 섬기게 합니다. 집에서는 부모형제를 섬기고, 나가서는 어른과 웃사람을 공경케 하면, 몽둥이라도 들고 나와 초나라와 진나라 갑옷과 창칼을 때려부술 겁니다. 백성을 들들 볶으니 농사도 못 짓고, 부모공양은 커녕 배 곯아 얼어죽으며, 형제와 처자식은 뿔뿔이 흩어집니다. 이렇듯 몰아치면, 싸움터에서 그 누가 적들과 맞설까요. 어진 이는 대적할 자 없다 했으니, 임금님은 그리 마옵소서."

맹자가 양양왕을 만난 후에 사람들에게 말했다. "왕이 임금답지 못하다더니, 역시 그렇구만. 불쑥, '천하가 어떻습니까?' 묻길래 천하통일 된다고 했지. '누가 할 수 있나?' 묻길래, 전쟁을 꺼리는 자라고 했네. '누가 그리하냐?'고 묻길래, 천하가 그리한다 했지. 왕에게 이렇게 말했네. '아다시피 새파란 싹은 한여름 땡볕에 바짝 마릅니다. 그래도 하늘이 구름을 드리워 질펀하게 비를 내리면 쑥쑥 자라는 법이니, 어느 누가 막을까요? 지금 천하가 기다리지만, 아직 전쟁을 꺼리는 지도자가 없습니다. 만일 전쟁을 꺼리는 이가 있다면, 온 백성이 따르고 받들 겁니다. 이에 백성이 물 흐르듯 돌아오리니, 과연 누가 이를 막겠습니까?"

1-4 _____

순종이 제사보다 낫고, 청종함이 숫양의 기름보다 나으니라.[삼상 15,22]

제선왕이 물었다. "제환공과 진문공의 다스림이 어떻습니까?" 맹자가 말했다. "공자 문하에서 이를 다루지 않았으니, 드릴 말씀이 없습니다." 왕이 말했다. "임금이라면 어떤 덕을 갖춰야 하나요?" 맹자가 말했다. "임금이란 백성을 돌볼 뿐입니다." 왕이 말했다. "나도 백성을 잘 다스릴 수 있을까요?" 맹자가 말했다. "물론입니다." 왕이 물었다. "어떻게 할까요?" 맹자가 말했다. "제가 호흘의 얘기를 듣자하니, 임금께서 제사에 바칠 소가 불쌍하여 막으셨다지요. 제물을 양으로 바꾸셨다는데 맞습니까?" 왕이 말했다. "그랬지요." 이에 맹자가 말했다. "그런 마음이면 충분합니다. 백성들은 아까워 그랬다 하나, 저는 임금님 마음을 알 만 합니다." 왕이 말했다. "아하, 그런 백성도 있겠네요. 제나라가 비록 쪼그라들었지만, 어찌 한 마리 소가 아까웠겠소. 죽는 것이 불쌍하니 양으로 바꾼 겁니다." 맹자가 말했다. "백성 또한 빈 말이 아닙니다. 적은 것으로 큰 것을 바꾸었으니까요. 임금께서 측은히 여겼다면, 소나 양이 모두 마찬가지입니다." 왕이 싱긋 웃으며 말했다. "참으로 난처하네. 아까워서 그런 것이 아니라, 그저 양으로 바꾼 것인데도 쑤근대는군요." 맹자가 말했다. "너무 걱정마세요. 이는 어진 마음으로 가는 길입니다. 소는 보았는데, 미처 양을 보지 못했습니다. 군자라면 짐승이 죽는 것을 측은히 여깁니다. 우는 소리를 들으면 고기를 먹지 못합니다. 이는 군자가 육식을 멀리하는 까닭입니다." 왕이 반색하며 말했다. "『시경』에서 노래하기를 '다른 이의 속마음을 내가 헤아린다.' 하더니 바로 선생을 가리키는 말이구료. 내 스스로 헤아리지 못하다가, 선생이 말하시니 속시원합니다. 그런데 마음이 임금에 합당하다는 것은 무슨 뜻입니까?" 맹자가 말했다. "어떤 이가 말합니다. '내가 힘이 천하장사이나 터럭조차 들 수 없고, 낙엽까지 헤아리지만 지금은 수레에 가득 쌓인 장작더미도 안 보인다.' 과연 임금님은 이를 믿겠습니까?" 왕이 말했다. "아니오." 맹자가 말했다. "짐승을 사랑한답시고, 백성을 내친다면 말이 될까요? 터럭조차 들지 못한다는 것은 꿈쩍도 하지 않는 것이고, 장작더미를 못 본다는 것은 쳐다보지 않은 것일 뿐입니다."

우리가 말과 혀로만 사랑하지 말고 오직 행함과 진실함으로 하
자.[요1 3,18]

왕이 말했다. "하지 않는 것과 못하는 것은 뭐가 다른가요?" 맹
자가 말했다. "태산을 안고 북해를 넘으라면, 이는 참으로 못하는
바입니다. 어르신을 돌보는 것은, 못하는 것이 아니라 하지 않는
겁니다. 지금 왕께서 못한다는 것은, 태산을 안고 북해를 넘는 것
이 아니라 바로 어른들을 보살피라는 것입니다. 내 부모 섬기듯
모든 부모를 섬기며, 내 아이 돌보듯 모든 아이를 돌보면, 천하가
손바닥 안에 있습니다. 『시경』에서는 노래합니다. '집에서 모범을
보이니 형제와 이웃과 온 나라에 이르네.' 이는 똑같은 마음으로
모든 이에게 미친다는 말입니다. 그런 까닭에 은혜를 펼치면 온
천하를 돌보지만, 그렇지 못하면 처자식조차 돌보지 못합니다.
옛 성인들이 위대한 바는 별 것 아닙니다. 끝까지 최선을 다하는
겁니다. 임금께서 짐승에게 베푸시는 사랑이 백성에게 미치지 못
하는 것은 어인 일입니까? 무게를 달아야 경중을 알고, 재어 본
후에 그 길이를 압니다. 만물이 그러할진대, 다 깊은 뜻이 있으
니 임금께서는 널리 살피십시오. 군대를 일으키고, 신하들을 다
그치며, 제후들과 원수를 맺어야 속이 후련하십니까?" 왕이 말했

다. "그게 아니오. 내 어찌 그걸 좋아하겠소. 그저 바람이 있을 뿐이오." 맹자가 말했다. "임금님 바라는 바를 듣고 싶습니다." 왕이 웃으며 입을 열지 않았다. 맹자가 말했다. "맛나고 배부른 것이 부족한가요? 가볍고 따스한 외투가 필요한가요? 아니면 아름다운 장식이 필요한가요? 좋은 음악을 원합니까? 혹 시종들이 마음에 들지 않나요? 신하들이 정성껏 보살필 텐데 무엇이 아쉬운가요?" 왕이 말했다. "그런 것이 아니오." 맹자가 말했다. "임금님이 원하는 걸 대충 짚어보겠습니다. 땅을 넓히고, 큰 나라들이 굽실거리고, 천하를 다스리며, 사방 오랑캐가 모두 조아리는 꿈 같습니다. 솔직히 이런 일은, 마치 나무에서 물고기를 구하는 것과 같습니다." 왕이 말했다. "말이 좀 심하지 않소?" 맹자가 말했다. "사실 문제는 훨씬 더 심각합니다. 나무에서 물고기를 찾는 것은 실패해도 뒤탈이 없지요. 그런데 임금님 욕심대로 따라나서면 바야흐로 큰 재앙이 닥칩니다." 왕이 말했다. "한 번 얘기해 보세요." 맹자가 말했다. "추나라와 초나라가 싸우면 임금님 보시기에 누가 이길까요?" 왕이 말했다. "당연히 초나라가 이기지요." 맹자가 말했다. "맞습니다. 진실로 작은 나라가 큰 나라와 싸울 수 없고, 적은 무리가 큰 무리와 맞설 수 없으며, 조무래기가 힘센 이를 당할 수 없습니다. 지금 천하가 아홉 나라이며, 제나라는 그중 하나입니다. 하나가 여덟을 삼키려는 것은, 추나라가 초나라와 맞서는 꼴입니다. 부디 임금님은 깊이 새겨보십시오. 이제 임금께서 어진 정치를 베푸시고 천하를 다스리면, 선비는 하나같이 임금님 나라에서 일하기를 바라고, 농부는 하나같이 임금님 나라에서 농사짓기 원하고, 장사치는 하나같이 임금님 나라에 물건을 쌓아 놓으려 하며, 나그네 또한 모두 임금님 나라로 몰려들 겁니다. 천하에 왕 잘못 만난 이마다 모두 임금님께 달려올 테니, 누가 이를 막을까요." 왕이 말했다. "부족한 점이 많으니, 부디 나를 일깨우시면 애써 보겠습니다." 맹자가 말했다. "늘 뜻이 변함없는 것은 오직 선비뿐입니다. 백성들은 의식주가 모자라면 흔들리게 마련입니다. 그런 까닭에 이리저리 방탕하다 실수하고 악해지며 제멋대로입니다. 결국 죄를 짓고 형벌을 받으면, 백성을 망치는 셈입니다. 어찌 어진 임금이 백성을 망치게 하겠습니까? 그런 까닭에 지혜로운 임금은 백성을 알뜰히 보살핍니다. 언제나 우러러 부모를 잘 섬기고 처자식을 살뜰히 보살피니, 일평생 풍족하고 흉년에도 굶주림이 없습니다. 백성들은 가르치는 대로 쉬이 따라옵니다. 지금 백성들의 살림살이가 부모 섬기기에 허덕이고 처자식 돌보기에도 급급하니, 일평생 고달프고 흉년에는 굶어죽기 일쑤입니다. 죽는 이 구하느라 쩔쩔매는 판이니, 어느 세월에 예로써 다스리겠습니까. 임금께서 진실한 마음이라면, 부디 근본을 잊지 마십시오. 울타리에 뽕나무를 심으면 어르신 비단 옷이 되고, 가축을 기르면 노인들 고기반찬이 넉넉합니다. 좋은 땅에 열심히 농사지으면 온 가족이 배부르고, 학교에서 도리를 가르치면 노인이 길에서 헤메지 않습니다. 노인은 비단 옷에 고기반찬을 먹고, 무지렁이들이 굶주림과 추위에 떨지 않는다면, 세상에 왕 노릇 못할 이가 없습니다."

한 세기 전, 강대국들의 틈바구니 속에서 헤어나오지 못하고 이리저리 휘둘리던 대한제국은, 결국 군침을 흘리고 있던 이웃나라 일본에 의해 깃발을 내리게 됩니다. 이렇듯 나라를 빼앗긴 것은, 물론 직접적으로는 제국주의 물결을 타고 강대국들이 호시탐탐 노리던 총칼의 위력에서 비롯됩니다. 그러나 1919년 3·1독립선언서에도 나타나 있듯이, 나라의 지도자들이 우왕좌왕하며 그릇 판단한 것이 더 큰 이유라고 봅니다.

나라의 전통을 지키겠다는 보수파들도 고리타분한 사대주의에 빠져 있었고, 낡은 것을 개혁하겠다는 개화파들도 미국·일본·러시아·영국·프랑스·독일 등 외세의 눈치 살피기만 급급하며 그 치맛자락에서 벗어나지 못했지요. 고종 황제 역시 나라의 장래와 백성의 바람을 헤아리기보다는 이른바 세습 왕조의 못자리 지키는 일에 급급하며 허송세월 할 뿐이었습니다. 그래서 이리저리 저울질하며 손가락만 꼽아보다가, 기껏 미국 대사관으로 피하려 하거나(춘생문 사건), 러시아 공사관에 몸을 의탁하는 것이 고작이었지요(아관파천).

그러다가 일본 귀족으로나마 근근이 살아가는 것에 만족하면서, 조선왕조는 그렇게 역사 속으로 사라져 버립니다. 이러한 조선조 망국의 역사는 바로 맹자가 양혜왕과 나눈 이야기의 핵심과 서로 맞닿아 있습니다. 흔히 조선 왕조는 맹자의 기본 사상을 바탕으로 운용되었다고 말합니다. 주지하다시피 조선왕조 건국 주도 세력은 대부분 이른바 신진 사대부였지요. 그리고 이들은 맹자의 가르침을 조선의 통치 이념의 근간으로 삼았기 때문입니다.

그런데 『맹자』 1장 1절에 해당하는 양혜왕 첫 번째 이야기에서 강조하는 바는 무엇일까요? 물어 뜯고 뜯기는 약육강식의 전국시대임에도 불구하고, 맹자는 처음부터 이익보다는 인의(仁義)를 앞세웁니다. 그리고 이는 『맹자』 전체에서 끊임없이 되풀이되는 주제이며, 마무리하는 고자편 후반부에서도 똑같은 내용이 또 다시 강조됩니다. 그러므로 한 나라의 지도자이고 천하를 다스린다는 황제라면 더욱 이를 잊어서는 안 되는 것이지요.

그렇지만 꿈속에서조차 제삿상 밥그릇 챙기기에만 골몰했던 고종 이야기를 듣다 보면, 그의 한계는 분명하게 드러납니다. 맹자의 가르침보다는 종묘의 이익에만 급급했던 '조선의 양혜왕'이었다는 생각이 드니 말입니다. 『백범일지』에서 김구가 '이 나라는 망하고 말 것이다!'라고 외쳤던 것은 다 까닭이 있다는 말입니다. 개화 초기에 기독교가 불같이 일어난 것도 이유가 있습니다. 성서에서도 늘 강조하는 바는, 먼저 하나님의 나라와 의를 구하라는 말씀이니까요. 그러면 나머지는 보너스로 따라오게 마련이지요.

성서에 나타난 이스라엘 민족의 역사를 들여다보면, 흥망성쇠가 되풀이되는 중에서도 이러한 사실이 분명히 드러납니다. 이집트에서 노예살이하던 유대인들을 불쌍히 여겨 약속의 땅으로 이끌어내신 의로우신 하나님이었습니다. 그런데 젖과 꿀이 흐르는 땅을 차지하자 그들은 그만 의로우신 하나님을 잊어버립니다. 그리고 물질만능의 우상들 앞에서 먹고 마시는 것에 취해 살다가 나라를 빼앗기고 노예살이 신세로 되돌아 가지요. 그로부터 자그만치 2천년 넘도록 그렇게 떠돌아다니다가 2차 세계대전이 끝날 무렵, 천신만고 끝에 나라를 다시 찾게 됩니다.

오늘, 온통 '부자되세요'라는 말이 넘쳐흐르는 신자유주의 시대를 살아가다 보면, 우리네 또한 거추장스러운 나머지 의(義)는 까맣게 잊어버립니다. 그러나 천민자본주의 세상이 어떻게 끝을 맺는가 하는 것은, 바로 선진국에서 벌어졌던 금융위기 한복판에서의 신자유주의 불꽃놀이가 잘 보여줍니다. 그래서 인류 역사에서는 동과 서를 막론하고 수 천 년 전부터 분명하게 울려 퍼지는 쩌렁쩌렁한 가르침이 있으니, 바로 『맹자』이고 성서의 말씀입니다.

2장

양혜왕 II

함께 즐거워하고
함께 울라

2-1 _____

즐거워하는 자들로 함께 즐거워하고 우는 자들로 함께 울라.[롬 12,15]

장포가 맹자를 만나 말했다. "예전에 왕이 음악을 좋아한다 하셨는데, 한마디 대꾸도 못했습니다. 어떻게 보십니까?" 맹자가 말했다. "왕이 진정 음악을 좋아한다면, 제나라에는 매우 좋은 징조입니다." 얼마 후 맹자가 왕을 만났다. "임금님이 장자에게 음악을 좋아한다고 하셨나요?" 왕이 놀라며 말했다. "옛 훌륭한 음악보다는 그저 세상 음악일 뿐이오." 맹자가 말했다. "임금님이 음악을 사랑하시면 제나라가 잘 될 겁니다. 옛 음악에서 지금 음악이 나온 겁니다." 왕이 말했다. "자세히 말씀해 보시오." 맹자가 말했다. "혼자 즐기는 것과 여럿이 즐기는 것 중 무엇이 좋을까요?" 왕이 말했다. "여럿이 더 낫지요." 맹자가 말했다. "몇 사람과 모든 이가 즐기는 것 중 무엇이 좋을까요?" "모두가 즐거워야지요." 맹자가 말했다. "임금님께 음악에 관해 말씀드리지요. 풍악을 울릴 때, 백성들이 종소리와 피리소리에 절레절레 머리를 흔들고 찡그리며 말합니다. '왕이 풍악을 울리니 어찌 할꼬.' 아비와 아들이 서로 외면하고, 형제와 처자식이 뿔뿔이 흩어집니다. 사냥을 나가니 백성들이 수레와 말굽소리를 듣고 깃발을 보며 절레절레 머리를 혼들고 찡그리며 말합니다. '왕이 사냥을 가니 어찌 할꼬.' 아비와 아들이 서로 외면하고, 형제와 처자식이 뿔뿔이 흩어집니다. 이는 백성과 함께 즐기지 못한 것입니다. 그런데 풍악이 울려 퍼질 때, 백성이 종소리와 피리소리를 듣고 즐겁게 흥얼거립니다. '임금님이 노래하시니 매일 즐겁구나.' 사냥을 가시매 백성이 수레와 말굽소리를 듣고 깃발을 보며 즐겁게 흥얼댑니다. '임금님이 건강하시네. 나도 바람쐬러 가야지.' 이것이 함께 즐기는 것입니다. 백성이 함께 즐기면, 진정한 임금이로소이다."

제선왕이 물었다. "문왕의 사냥터가 칠십 리라는데 맞습니까?" 맹자가 대답했다. "기록대로입니다." 왕이 말했다. "어찌 그리 넓은가요?" 맹자가 말했다. "백성들은 오히려 좁다고 불평했습니다." 왕이 말했다. "나는 사십 리일 뿐인데, 백성들이 너무 크다 하니 어쩌지요?" 맹자가 말했다. "문왕은 칠십 리이지만, 누구든지 그 안에서 땔감을 줍고 토끼와 꿩도 잡았습니다. 백성들과 함께하니 너무 좁다 합니다. 제가 이 나라에 들어올 때 금지사항을 들었습니다. 들자 하니 서울 근방 사십 리가 임금님 사냥터라지요. 사슴과 노루를 죽이면 살인죄와 같다 하니, 이는 나라 한복판에 사십 리 감옥을 세운 셈입니다. 까닭에 백성들이 크다 하는 것입니다."

2-2 _____

마음을 다하며 목숨을 다하며 힘을 다하며 뜻을 다하여 주 너
의 하나님을 사랑하고 또한 네 이웃을 네 몸과 같이 사랑하라.[눅
10,27]

제선왕이 물었다. "이웃나라와 사이좋게 지내는 방법이 있습니
까?" 맹자가 대답했다. "있습니다. 어진 사람은 큰 나라로 작은 나
라를 감복시킵니다. 그런 까닭에 탕왕은 갈나라를 다독이고, 문
왕은 오랑캐를 품었습니다. 지혜로운 자는 작은 나라로 큰 나라를
상대합니다. 그래서 대왕이 주나라를 일으킬 때 훈육을 섬기고,
구천이 오나라에게 무릎을 꿇지요. 큰 나라인데도 작은 나라를
감복시키는 것은 하늘을 벗하는 자요, 큰 나라 앞에서 작은 나라
를 지키는 자는 하늘을 두려워하는 자입니다. 하늘을 벗하는 자
는 천하를 맡게 되고, 하늘을 두려워하는 자는 나라를 지킵니다.
『시경』은 노래합니다. '하늘을 섬기는 자는 나라를 보존하리라.'
왕이 말했다. "좋은 말씀입니다. 과인이 문제가 있는데 너무 큰소
리 치는 것입니다." 맹자가 말했다. "조그만 용맹을 뽐내지 마십시

오. 칼을 휘두르고 노려보며 '누가 나를 대적하리오.' 하면, 이는 짐승끼리 으르렁대는 꼴입니다. 부디 크게 용맹하십시오. 『시경』은 노래합니다. '왕께서 우뚝 한번 노하시니 길에서 무리들을 잠잠케 하셨고, 주나라에 복 주시니 천하가 바로잡혔네.' 이것이 바로 문왕의 용기입니다. 문왕이 한번 노하시니 천하 백성이 편안해졌습니다. 『서경』은 말합니다. '하늘이 백성을 위해 왕을 세우고 성인을 내셨도다. 이는 상제를 도우고 사방을 보살핌이라. 잘잘못이 모두 나에게 달렸으니 천하가 어찌 뜻을 거스르랴.' 한 사람이 막무가내로 천하를 주무르니, 무왕이 이를 부끄러이 여겼습니다. 이는 무왕의 용기이니 한번 노하매 천하가 편안해졌습니다. 임금님도 한번 노하사 천하를 편안케 하면, 백성은 오히려 임금이 용맹치 않을까 염려할 겁니다."

2-3 _____

만일 한 지체가 고통을 받으면 모든 지체도 함께 고통을 받고 한 지체가 영광을 얻으면 모든 지체도 함께 즐거워하나니.[고전 12,26]

제선왕이 설궁에서 맹자를 만났다. 왕이 말했다. "어진 자도 이런 즐거움을 아시나요?" 맹자가 대답했다. "물론이지요. 이를 모르면 웃사람을 섬길 수 없습니다. 모르고 제대로 섬기지 못하는 것도 잘못이거니와, 웃사람이 백성과 함께 즐기지 못해도 마찬가지입니다. 백성과 즐거워하면 백성 또한 즐거움에 동참하고, 백성과 함께 아파하면, 백성 또한 어려움을 함께 나눕니다. 천하의 즐거움을 누리고, 천하의 어려움을 함께 아파합니다. 그러고도 임금되지 못한 자는 이제껏 없습니다. 옛적에 제경공이 안자에게 물었습니다. '내가 이곳저곳을 다니며 바다를 따라 남쪽까지 가보려는데, 어떻게 해야 선왕의 발자취를 따를 수 있는가?' 안자가 대답합니다. '좋은 생각입니다. 천자가 제후를 살피니 순수라고 합니다. 순수란 구석구석 찾아가는 겁니다. 제후가 천자를 맞이하니 술직이라 합니다. 술직이란 맡은 바를 보고하는 것입니다. 봄 농사에 부족한 것을 살피고, 가을 추수에 미진한 것을 챙깁니다. 하나라에 이런 말이 있습니다. '임금이 오시지 않으니, 도대체 쉴 틈이 없구나. 임금님이 살피지 않으시니, 힘들어 죽겠네. 부지런히 제후들을 살피소서.' 그런데 지금 어떻습니까? 군대가 움직이면 양식이 바닥납니다. 굶주림에 먹을 것이 없고, 도무지 쉴 틈이 없습니다. 살림이 빡빡하니 서로 헐뜯고, 백성들은 속이기에 급급합니다. 그런데도 막무가내로 백성을 다그치고 먹을 것을 빼앗으니, 엉망진창이 되어 제후들마다 골머리를 앓습니다. '갈 데까지 가 보세.' 하며 돌보는 이 없고, '부어라 마셔라.' 하며 내달으니 망가집니다. 선왕의 발자취에는 이런 것이 없으니, 이는 임금의 마땅한 바입니다. 이에 경공은 끄덕이며 나라에 명을 내리고 성 밖으로 나가 진을 차립니다. 그리고 크게 정치를 일으켜 백성을 돌보고, 태사를 불러 말합니다. '임금과 신하가 서로 어우러지는 음악을 지으라.' 이 노래를 치소와 각소라 부릅니다. 그래서 『시경』은 말합니다. '임금을 떠벌이는 것이 무슨 허물일까?' 여기서 임금을 떠벌이는 것은 사랑한다는 말입니다."

2-4 _____

고아와 과부를 위하여 신원하시며 나그네를 사랑하사 그에게 식물과 의복을 주시나니 너희는 나그네를 사랑하라. 전에 너희도 애굽 땅에서 나그네 되었음이니라.[신10.18-19]

제선왕이 물었다. "사람들이 명당을 허물라 하니 어쩌면 좋소?" 맹자가 대답했다. "명당은 임금의 집을 말합니다. 나라를 다스리려면 이를 허물지 마십시오." 왕이 말했다. "다스림에 대해서 말씀해주시지요." 맹자가 대답했다. "옛날 문왕이 다스릴 때, 농지를 9등분하여 나눠주고, 관리들에게 봉급을 주며, 국경을 만들되 징세하지 않았습니다. 저수지 고기를 잡게 하고, 죄를 따져 노비

삼지 않았습니다. 홀아비와 과부, 자식없는 자와 고아 등은 천하의 어려운 이들입니다. 그래서 문왕은 이들을 보살폈습니다. 『시경』은 노래합니다. '부자들은 좋겠지만, 이들은 딱하기 그지없구나.'" 이에 왕이 말했다. "좋은 말씀이오." 맹자가 말했다. "임금님이 좋게 여기시면 그대로 해보십시오." 왕이 말했다. "과인의 문제는 너무 돈을 좋아하는 것이오." 맹자가 대답했다. "옛날 주나라 왕도 재물을 좋아했습니다. 그래서 『시경』은 노래합니다. '창고마다 그득이 쌓이고 배낭마다 곡식이 가득하네. 차곡차곡 챙겨놓아 훗날을 준비하네. 활과 살을 마련하고 방패와 칼을 가다듬어 비로소 천도를 이루도다.' 그런 까닭에 남아 있는 자도 넉넉하고 떠나는 이도 든든하니, 수도를 옮기는 것이 쉽게 이루어집니다. 임금께서 재물을 넉넉케 하사 백성들과 나누시면 이보다 좋을 수 없습니다." 왕이 말했다. "과인의 문제는, 너무 여자를 좋아한다는 것이오." 맹자가 대답했다. "옛적에 주나라 임금께서 여자와 부인을 끔찍이 사랑했지요. 그래서 『시경』은 노래합니다. '고공단보께서 일찍 말을 달려, 서쪽 물길 따라 기나라 땅에 갔네. 강씨 부인과 함께하니 행복하도다.' 그 시절에는 외로운 여자와 쏘다니는 남정네가 없었으니, 임금께서도 여자 좋아하는 것을 백성과 나누시면 더할 나위 없을 것입니다."

2-5 _____

맡은 자들에게 구할 것은 충성이니라.[고전 4,2]

맹자가 제선왕에게 말했다. "신하 중에 처자식을 친구에게 부
탁하고 사신으로 떠난 이가 있는데, 돌아와보니 처자식이 쫄쫄
굶고 있습니다. 어떡하시겠습니까?" 왕이 말했다. "내쫓는다." 맹
자가 말했다. "중신이 아랫사람을 다스리지 못하면 어떡하시겠습
니까?" 왕이 말했다. "마찬가지로 내쫓는다." 맹자가 말했다. "나
라가 어지럽고 다스려지지 않으면 어떡하지요?" 이에 왕은 고개
를 돌리고 딴청을 부렸다. 다른 날 맹자가 제선왕을 만나 말했다.
"이른바 이상적인 나라에는, 오래된 나무 따위가 아니라 뼈대 있
는 신하가 있습니다. 임금께서는 믿음직한 신하도 없거니와, 어
제의 신하가 오늘 사라져도 모르는 형편입니다." 왕이 말했다.
"그럼 어떻게 할까요?" 맹자가 말했다. "임금이 어진 이를 부를 때
잘 살펴야 합니다. 잘못하면 망나니로 어른을 우습게 만드는 꼴
이고 철부지로 왕족들을 놀리는 꼴이니, 아주 조심해야 합니다.
모두가 좋다고 해도 안 되고, 신하들이 한결같이 좋다해도 안 됩
니다. 나라 전체가 모두 좋다고 해야 비로소 찬찬히 살펴, 참으
로 어진 사람일 때 기용합니다. 모두가 안 된다 해도 휩쓸리지 말
고, 신하들이 한결같이 꺼려해도 포기하지 말고, 나라 전체가 반

대하면 비로소 찬찬히 살펴 모자라면 쫓아냅니다. 신하들이 모두 죽일 놈이라 해도, 함부로 따라가면 안 됩니다. 나라 전체가 죽일 놈이라 하면 그때 찬찬히 살펴 과연 그렇다면 죽이니, 그런 까닭에 나라에서 죽였다고 말합니다. 이럴 때 비로소 백성들의 부모가 되는 법입니다."

2-6 _____

이스라엘아, 너희의 장막으로 돌아가라. 다윗이여, 이제 너는 네 집이나 돌아보라.[왕상 12,16]

제선왕이 물었다. "탕왕이 걸을 내쫓고 무왕이 주를 없앴다는데 맞습니까?" 맹자가 대답했다. "기록대로입니다." 왕이 말했다. "신하가 임금을 죽일 수 있나요?" 맹자가 말했다. "인을 해치는 자를 적이라 하고 의를 해치는 자를 잔이라 합니다. 잔적(殘賊)을 가리켜 그냥 '사내'라고 부릅니다. 주라는 사내를 죽였다는 말은 들었으되, 왕을 죽였다는 말은 못 들었습니다." 맹자가 다른 날 제선왕을 만나 말했다. "큰 집을 지을 때 뛰어난 기술자를 구하고 인재를 찾으면 기뻐 맡기시겠지요. 기술자가 잘 다듬는데 임금께서 멋대로 그 일을 뺏으시겠습니까? 그가 오랫동안 익혀 이제 달인이 되었는데, 배운 대로 하지 말고 무작정 임금 말에 따르라면 어찌 될까요? 엄청 비싸고 진귀한 보석이 있다면, 뛰어난 기술자로 다듬게 하시겠지요. 나라를 다스림에도 이처럼 네가 배운 것을 버리고 내 식대로 따르라고 하면, 이는 보석 다듬는 기술자를 가르치려는 것과 다를 바 없지요."

제나라가 연나라를 쳐서 이겼다. 선왕이 물었다. "어떤 이는 연나라를 차지하라 하고, 다른 이는 하지 말라 합니다. 대국이 대국을 오십 일 만에 정복했으니. 이는 사람의 힘이 아닙니다. 취하지 않으면 하늘을 거스르는 셈이니, 취하려는데 어떨까요?" 맹자가 대답했다. "연나라 백성이 기뻐하면 그리하시지요. 옛날 무왕이 그리했지요. 연나라 백성이 싫어하면 그만 두시지요. 옛날 문왕이 그리했지요. 대국이 대국을 정벌하는데, 밥 소쿠리와 마실 것으로 군대를 맞이합니다. 이는 다름 아니라 물난리와 불난리를 피하려는 겁니다. 그런데 오히려 물난리, 불난리가 심해진다면 또한 마찬가지 신세입니다."

제나라가 연을 쳐서 취하니, 제후들이 연나라를 구하려 모였다. 제나라 선왕이 말했다. "제후들이 모여 과인을 치려 하니, 어찌 합니까?" 맹자가 대답했다. "듣기로는 탕왕이 칠십 리 땅을 가지고 천하를 다스렸다 합니다. 천리 땅을 가진 임금님이 두려워하니 어쩐 일입니까? 『서경』은 말합니다. '탕왕이 바야흐로 갈나라부터 정벌하시네.' 그런 까닭에 천하가 모두 미더워했습니다.

동쪽으로 나아가면 서쪽 오랑캐가 아쉬워하고, 남쪽으로 나아가면 북쪽 오랑캐가 아쉬워 말합니다. '어찌 우릴 돌보시지 않는가?' 백성들은 큰가뭄에 구름과 무지개 바라듯 기다립니다. 장터는 여전히 떠들썩하고, 농사꾼들은 농사에 열심입니다. 폭군을 몰아내고 백성을 보살피니 단비 만난 듯 기뻐합니다. 그래서 『서경』은 말합니다. '오매불망 우리 임금, 이제 오시면 살리라.' 연나라가 백성을 학대하여 왕께서 정벌하시니, 백성들은 이제 살았다면서 밥소쿠리와 마실 것으로 임금님 군대를 맞이한 겁니다. 만일 그들의 부형을 죽이고, 자식을 잡아가며, 종묘를 부수고, 보물을 가져간다면 어찌될까요? 천하가 모두 제나라를 에워쌀 겁니다. 지금 나라 땅을 넓히고 폭정을 더한다면, 이는 천하의 군대와 맞서는 셈입니다. 속히 명령을 내리사 재물과 포로, 보물을 돌려보내십시오. 또한 연나라 백성들과 의논해 왕을 세우고 돌아오시면, 오히려 모든 일이 잘 마무리될 겁니다."

2-7 _____

이삭이 거기서 옮겨 다른 우물을 팠더니 그들이 다투지 아니하였으므로 그 이름을 르호봇이라 하여 가로되 이제는 여호와께서 우리의 장소를 넓게 하셨으니 이 땅에서 우리가 번성하리로다 하였

더라.[창 26,22]

등문공이 물었다. "등나라는 작은 나라로 강대국 틈에 끼여 있
습니다. 제나라를 섬길까요, 초나라를 따를까요?" 맹자가 대답했
다. "어찌 제가 알겠습니까마는 분명한 사실이 있습니다. 깊이 연
못을 파고 성을 든든이 쌓아, 백성들과 더불어 죽음으로 지킵니
다. 그러면 해 볼 만 하지요." 등문공이 물었다. "제나라가 설 땅
에 성을 쌓으려 하니 걱정입니다. 어쩌면 좋을까요?" 맹자가 대답
했다. "옛적 주태왕께서 빈 땅에 사실 때 오랑캐가 쳐들어왔습니
다. 하는 수 없어 기산 아래로 쫓겨갔지요. 그래도 진실한 마음이
라면 훗날 임금이 되는 법입니다. 모름지기 군자는 창업하여 뜻
을 세우고 이를 이어갈 뿐입니다. 일을 이루시는 것은 하늘이니,
임금님이 뭘 어쩌겠습니까? 그저 부지런히 선을 쌓을 뿐입니다."

등문공이 물었다. "등나라는 작으니, 힘이 달려 대국 섬기기 벅
찹니다. 어쩌면 좋을까요?" 맹자가 대답했다. "옛날 태왕께서 빈
땅에 계실 때 오랑캐가 쳐들어왔습니다. 가죽과 비단을 바치고,
말과 고기도 바치고, 금은보화도 바쳤지만 헛수고였지요. 그래서
마을 원로들을 불러 말합니다. '오랑캐가 원하는 바는 우리 땅입
니다. 옛 말에 군자는 사람을 돌봄에 있어 해치지 않는다 하니, 나
없어도 부디 잘 사세요.' 그리하여 빈 땅을 떠나 양산을 넘어 기산
밑에 도읍하니, 빈 사람들이 '어진 사람이니 놓칠 수 없다.'고 말

하고는 그를 따라갑니다. 어떤 이는 말합니다. '나라는 버릴 수 없다. 이래라저래라 할 수 없으니 죽기까지 지켜야 한다.' 그러니 임금께서는 이 둘 중에서 선택하십시오."

2-8 _____

사람이 마음으로 자기의 길을 계획할지라도 그 걸음을 인도하는 자는 여호와시니라.[잠 16,9]

추나라와 노나라가 싸우매 목공이 물었다. "장군이 33명이나 죽었는데 백성들은 모두 멀쩡하오. 벌을 내리자니 끝이 없고, 그만두자니 웃사람이 죽어도 모른 체 할 테니 어찌 할까요?" 맹자가 대답했다. "흉년이 닥쳐 굶주리니 노약자는 길바닥 구덩이에 뒹굴고, 뿔뿔이 흩어진 사람은 헤아릴 수 없습니다. 그런데도 창고는 그득하고 곳간은 넘쳐나며, 신하들은 몸만 사립니다. 이는 웃사람이 태만하여 백성을 버린 겁니다. 증자는 말합니다. '잊지말라. 뿌린 대로 거둔다.' 모름지기 백성들은 달라질 테니 임금님은 너무 걱정마십시오. 어진 정치를 펴나가면, 백성들은 웃사람을 따르고 기꺼이 목숨을 내놓을 겁니다."

노평공이 맹자를 만나려는데, 가까운 신하 장창이 끼어들었다.

"임금님이 출타하시면 비서실에서 준비하는데, 오늘은 말수레가 쩔렁여도 비서실이 잠잠하니 어쩐 일입니까?" 노평공이 말했다. "맹자를 만나러 가오." 장창이 말했다. "말도 안 됩니다. 임금님이 함부로 움직이시면, 버르장머리 없는 이를 우대하는 꼴입니다. 예의범절은 어진 사람에게서 나오는 바, 맹자는 어머니 장례를 주제넘게 치렀습니다. 절대 만나면 안됩니다." 이에 노평공이 그만 두었다. 악정자가 왕을 만나 말했다. "맹자를 만나지 않으셨네요." 왕이 말했다. "맹자의 장례가 어긋난다는 말이 많아 그만 두었소." 악정자가 말했다. "어긋나다니 말이 안 됩니다. 이전에는 선비였지만 나중에는 대부가 되었지요. 그래서 처음에는 삼정으로 나중에는 오정으로 한 것입니다." 노평공이 말했다. "그런 것이 아니라 지나치게 시끌벅적했다는 말일세." 악정자가 말했다. "살림살이가 좀 나아져서 그랬지요." 악정자가 맹자를 찾아와 말했다. "왕이 나서는데, 장창이 반대했습니다." 맹자가 말했다. "어떤 이는 찬성하고 어떤 이는 반대하지만, 사실 일이란 사람이 하는 것이 아니다. 노나라 임금과 엮이지 않은 것은 하늘의 뜻이다. 어찌 장씨 같은 나부랭이가 이래라저래라 하겠느냐?"

일반적으로 춘추전국(春秋戰國)시대는 주나라 봉건제의 틀이 아직 남아 있던 춘추시대(B.C. 722-458)와, 새롭게 힘을 얻은 나라들이 각기 제 목소리를 내면서 천하의 패권을 겨루는 전국시대(B.C.457-232)를 합하여 부르는 말입니다. 공자가 활동하던 시기는 천자와 제후의 전통이 살아 있었던 춘추시대였지만, 맹자가 활동하던 시기는 각 나라들 사이에서 불꽃튀는 경쟁과 견제가 이어졌던 전국시대입니다.

이러한 차이 때문에 맹자에게서는 마치 오늘날 신자유주의 시대의 엄청난 거대 자본주의 같은 배경이 드러납니다. 막강한 무력과 힘의 논리를 내세워 맞부딪치는 여러 나라들 때문에 혼란하기 그지없었던 당시 시대상이 힐끔힐끔 엿보입니다. 무작정 뻥튀기로 몸집을 마구 불린다든지, '내 팔뚝 굵다.'는 식의 패권주의가 휘몰아치던 사회를 만나는 것이지요. 여기에서 맹자는 약육강식의 패도(覇道)보다는 왕도(王道)의 가르침을 통해 공자의 가르침을 충실히 이어갔고, 아울러 더욱 분명하게 자신의 메시지를 드러냅니다.

칼과 창이 요란했던 당시 각 나라들은, 불같이 일어났다가도 금새 소리없이 스러지기 일쑤였지요. 이렇듯 숱한 홍망성쇠를 거치다보면, 뭐가 뭔지 갈피를 잡기 어려운 세상만 남게 마련입니다. 그래서 맹자는 나름대로 이를 잘 다잡기 위해 이른바 '하늘의 뜻'(天命, Mandate of heaven)을 내세웁니다. 그리고 이런 흐름에서 '폭군제거'(tyrannicide)라는 어마어마한(?) 주장까지도 거리낌없이 자연스레 따라오지요. 그리고 이와 아울러 좀더 철학적인 인간 이해가 등장하는데, 이 덕분에 보편화된 원칙에 입각하여 사회 통합을 꿈꾸는 대 사상가 맹자의 면모가 톡톡히 드러납니다. 아울러 이러한 맹자의 발자취는 훗날 동아시아 사람들이 인간 본성과 사회를 이해하는 데 커다란 역할을 감당합니다. 이른바 사단칠정론(四端七情論)이라든지 인심도심론(人心道心論)과 같이, 인간과 사회를 바라보는 세계관의 이론적 근거가 본격적으로 발전하는 토대를 마련하기 때문이지요.

이러한 흐름은 비슷한 시기의 고대 근동 팔레스타나에서도 크게 다르지 않습니다. 성서에 등장하는 고대 이스라엘 왕정 체제의 속살을 들여다보면 이러한 사실이 잘 드러납니다. 대표적으로 이스라엘의 다윗 왕조는 아주 좋은 사례입니다. 고대 이스라엘을 통일하여 처음 왕이 되었던 이는 사울이었습니다. 그런데 불행히도 사울 왕조는 계속 이어지지 못하고 그만 새로운 다윗 왕조에 자리를 넘겨줍니다.

그런데 그렇게 세워진 다윗 왕조도 크게 다르지 않습니다. 이미 다윗 왕이 시퍼렇게 살아 있을 무렵부터 왕자들의 난이 끊이지 않고 시끄러웠지요. 심지어 왕자들의 드센 입김에 그만 다윗

조차도 왕궁에서 쫓겨나 다른 곳으로 피난가기도 합니다. 그러다가 기어코 북쪽 지파가 반란을 일으키자, 온 나라가 시끌벅적하며 피비린내가 그칠 줄 모릅니다(삼하 20.1-2). 가까스로 유다지파의 정예군대를 동원하여 어렵게 마무리하였습니다만, 그 후유증은 쉽게 수그러들지 않았습니다. 결국 솔로몬이 죽으면서, 다윗의 손자 르호보암이 왕이 될 무렵에 이르러 남북으로 갈라지며 다윗왕국 역시 쪼그라들고 말았습니다.

앞에서 거론한 열왕기상 본문은, 고대 이스라엘 역사에서 다윗왕조와 분명하게 선을 긋고 갈라져 나간 북이스라엘 왕국의 속사정을 잘 보여줍니다. 이처럼 맹자가 여기 왕혜왕 편에서 군주들에게 강조하였던 바는, 시대와 지역을 가리지 않으며 어떠한 예외도 없는 진리입니다. 머나먼 고대 근동의 왕조 역사에서도 아무런 차이없이 똑같은 색깔로 읽혀지기 때문입니다.

백성들과 함께 즐기지 못하고, 백성들과 함께 누리지 못하는 왕권은 그야말로 모래위에 집을 짓는 것처럼 덧없이 스러져 버리게 마련입니다. 하늘 아래 사람 사는 곳은 어디나 마찬가지인 듯합니다. 동이나 서를 나눌 필요도 없거니와, 수 천년 전이나 오늘날이 한결같습니다. 바로 이것이 아웅다웅 투닥거리는 인간들이 모여사는 곳에서는 언제나 하늘의 진리가 똑같이 울려퍼지는 까닭입니다.

3장

공손추 I

나의 기뻐하는 금식은

3-1 _____

나의 기뻐하는 금식은 흉악의 결박을 풀어 주며 멍에의 줄을 끌러주며 압제 당하는 자를 자유케 하며 모든 멍에를 꺾는 것이 아니겠느냐. 또 주린 자에게 네 식물을 나눠 주며 유리하는 빈민을 네 집에 들이며 벗은 자를 보면 입히며···.[사 58,6-7]

공손추가 물었다. "선생님이 제나라에 가시면 아마도 관중과 안자의 역사가 다시 살아나겠지요?" 맹자가 말했다. "너는 진짜 제나라 사람답구나. 관중과 안자를 입에 달고 사니 말이다. 어떤 이가 증서에게 물었지. '선생님과 자로 중 누가 지혜롭습니까?' 증서가 조심스레 말했지. '스승님도 그분을 우러러봤다.' '그러면 관중과 선생님은 어떻습니까?' 증서가 얼굴색이 달라지며 말했지. '어찌 나를 관중과 견주느냐. 관중은 임금 덕분에 권세를 누리며 오랫동안 나라를 맡았지만, 이룬 것은 보잘 것 없었다. 어찌 그런 사람을 들먹이는가?'" 맹자가 말했다. "관중과 증서의 경우가 이처럼 다른데, 어찌 나를 이에 견주는가?" 공손추가 말했다. "관중은 나라를 강대국으로 만들었고, 안자는 왕을 빛나게 했는데도 별 볼 일 없습니까?" 맹자가 말했다. "제나라 왕 정도면 뭘 못하겠는가?" 공손추가 말했다. "그렇다면 더 이상합니다. 옛 문왕의 덕은 백 년 이어졌지만 오히려 천하에 미치지 못했고, 무왕과 주공 때 비로소 완성되었지요. 지금 왕 노릇하기가 식은 죽 먹기라면, 문왕은 더 말할 필요가 없겠네요."

맹자가 말했다. "문왕과 어찌 견주겠는가. 탕왕으로부터 무정까지 어진 왕이 6, 7명이니, 은나라 천하가 되기까지 오랜 시간이다. 변화란 쉽지 않은 법이다. 무정 때 비로소 천하 제후들이 복종하였으니, 주왕 때까지 그리 멀지 않다. 그런 까닭에 마을의 풍속과 어진 정치가 자리 잡았고, 또 미자, 미중, 왕자비간, 기자, 교격 같은 인물이 있었다. 이들이 도우니, 오랫동안 이어지다 끝내 무너진 것이다. 당시 천하 모든 땅과 백성이 다 복종했으니, 문왕이 백 리 땅으로 나라를 세운 것은 놀랄 만하다. 제나라에 이런 속담이 있다. '지혜가 있어도 때를 얻는 것만 못하고, 좋은 쟁기라도 때를 맞추니만 못하다.' 지금 얼마나 좋은 기회인가. 하, 은, 주의 전성기에도 영토가 천 리를 넘지 못했으나, 제나라는 그보다 넓다. 옛적에는 닭이 울고 개가 짖을 정도였지만, 제나라는 지금 사람들로 바글바글하다. 땅을 일궈 개간할 필요가 없고, 백성을 불러 모을 필요도 없다. 어질게 나라를 다스리면, 왕의 앞길을 막을 사람도 없다. 또 왕다운 이가 보이지 않으니, 백성이 학정에 시달린 지 오래이다. 배곯은 자 쉬이 배부르고, 목마른 자 쉬이 해갈

하리라. 공자가 말했다. '덕행은 역참을 세워 명령 전하는 것보다 빠르다.' 그러므로 이제 큰 나라가 인정을 베풀면 백성이 기뻐 춤추리니, 매였다가 풀려남 같으리라. 고로 옛 사람 절반만 따라가도 결과는 두 배가 되리니, 바로 지금이 그렇다."

3-2 _____

내가 확신하노니 사망이나 생명이나 천사들이나 권세자들이나 현재 일이나 장래 일이나 능력이나 높음이나 깊음이나 다른 어떤 피조물이라도 우리를 우리 주 그리스도 예수 안에 있는 하나님의 사랑에서 끊을 수 없으리라.[롬 8, 38-9]

공손추가 물었다. "선생님이 제나라 재상이 되면 도가 이뤄지겠지요? 패도나 왕도가 모두 마찬가지일 테니, 생각이 달라지겠지요?" 맹자가 말했다. "아니다. 나는 사십 세에 흔들리지 않았다." 공손추가 물었다. "그렇다면 맹분이라는 인물 못지않겠네요?" 맹자가 말했다. "어렵지 않다. 고자는 나보다 먼저 부동심(不動心)하였다." 공손추가 물었다. "부동심에 도가 있나요?" 맹자가 말했다. "그렇다. 북궁요의 용기는 살갗이 벗겨져도 꿈쩍 않고, 눈이 찔려도 물러서지 않으며, 티끌 만한 허물도 부끄러워한다. 또한 대국의 왕에게도 마찬가지이다. 제후를 무지렁이 찌르듯 하며, 나쁜 말이 흘러나오면 두려움 없이 나서서 되갚는다. 맹시사의 용기도 마찬가지이다. 그는 말한다. '이기지 못할 것 같아도, 오히려 이긴 것으로 생각한다.' 적을 헤아린 뒤에 나아가고 승리를 따져보고 맞서는 것은, 대군이 무섭기 때문이다. 그러니 어찌 승리하겠는가. 모름지기 두려움이 없어야 한다. 맹시사는 증자와 비슷하고, 북궁요는 자하와 비슷하다. 이 둘의 용기는 서로 헤아릴 수 없으되, 맹시사의 경우가 나름 알맞아 보인다."

공손추가 말했다. "삼가 선생님과 고자의 부동심에 대해 듣고자 합니다." 맹자가 말했다. "고자의 경우는 이렇다. 제대로 이해하지 못하면 방심(放心)을 얻으려 하지 말고 방심을 얻지 못하면 기운을 얻으려 하지 말라고 했다. 방심을 얻지 못하면 기운을 구하지 말라는 것은 맞는 말이다. 제대로 이해하지 못하면 방심을 구하지 말라는 것은 틀린 말이다. 의지라는 것은 기운을 다스리는 것이고, 기라는 것은 몸에 가득한 기운이다. 대저 의지가 뚜렷하면 기운이 따라온다. 그래서 뜻을 분명히 하고 기를 날뛰게 하지 말라고 말한다. 앞에서는 의지가 먼저 이르고 기운이 뒤따른다고 하고, 뒤에서는 뜻을 분명히 하고 기운을 날뛰게 말라는 얘기는 맞지 않다. 그러니 말하자면, 뜻이 먼저이고 기운이 움직이며, 기운이 들썩이면서 뜻이 움직이는 것이다. 예를 들어 뜀박질하다 넘어짐은, 바로 기운이 넘쳐 그 마음을 흔드는 것이다."

3-3 _____

> 바람이 임의로 불매 네가 그 소리를 들어도 어디서 오며 어디로 가는지 알지 못하나니 성령으로 난 사람도 다 그러하니라. [요 3,8]

"외람되지만 선생님의 장점을 알고 싶습니다." 맹자가 말했다. "나는 말을 잘 헤아린다. 또 호연지기를 잘 지켜나간다." "호연지기라는 것을 좀 더 알 수 있을까요?" 맹자가 말했다. "한마디로 말하기 어렵다. 기운 같은 것이 지극히 크고 지극히 굳센 것이다. 올곧게 품어 흠이 없으면, 온 천지에 가득하다. 이 기운은 의로움과 짝을 이뤄 도를 이루니, 그렇지 못하면 사그라들고 만다. 이는 의가 쌓여 이루어지며, 의로운 척해서 되는 것이 아니다. 행함에 있어 마음으로 다잡지 않으면, 이내 사그라들고 만다. 그런 까닭에 고자는 의를 제대로 모르는 셈이니, 이는 겉모습만 보았기 때문이다. 모름지기 일을 미리 정해 놓거나, 넋 놓고 기다리지 말며, 너무 서두르지도 말아야 한다. 송나라 사람같이 하지 말라. 싹이 더디 자라니 그가 싹을 조금 뽑아주고 의기양양하여 집에 돌아와 말했다. '어이구, 힘들지만 내가 싹을 조금씩 키워줬다.' 아들이 부리나케 밭에 가 보니 싹이 모조리 말라죽었다. 이처럼 천하에 싹을 조장하지 않는 자가 드물다. 호연지기가 없으면 싹을 돌보지 못하며, 서두르다 싹을 말려 죽인다. 헛되고 무익할 뿐 아니라 도리어 해를 끼친다." 공손추가 말했다. "말을 헤아린다는 것은 무엇입니까?" 맹자가 말했다. "치우친 말에 가려진 뜻을 헤아리며, 은근한 말의 속내를 가려내고, 그릇된 말에 잘못된 뜻을 알며, 어눌한 말에 담긴 뜻을 헤아리는 것이다. 속셈을 지닌 말은 다스림에 해악을 끼치고, 다스림에만 급급한 말은 세상을 어지럽힌다. 성인이 다시 오더라도 내 말은 변하지 않으리라."

3-4 _____

나는 심었고 아볼로는 물을 주었으되 오직 하나님은 자라나게 하셨나니.[고전 3,6-7]

공손추가 말했다. "재아와 자공은 언어에 뛰어났고, 염우와 민자건, 안연은 덕행에 뛰어났지요. 공자는 둘 다 갖추었지만, 스스로 부족하다 하셨지요. 그런데 선생님은 이미 성인이십니다." 맹자가 말했다. "아서라. 무슨 엉뚱한 소리냐. 옛적에 자공이 공자에게 말했지. '선생님은 성인이십니다.' 이에 공자는 말한다. '나는 성인에 미치지 못한다. 그저 배움에 열심이고 가르침에 게으르지 않을 뿐이다.' 그러자 자공이 말했다. '배움에 열심인 것은 지혜롭고, 가르침에 성실한 것은 어진 것입니다. 어질고 지혜로

우니 성인이십니다.' 이처럼 성인은 공자도 마다한 것인데, 무슨 엉뚱한 소리냐?" 공손추가 말했다. "전해오는 말에 자하와 자유, 자장은 모두 성인의 일부분을 지녔고, 염우와 민자건, 안연은 적으나마 성인의 흔적이 있었다는데, 선생님 생각은 어떻습니까?" 맹자가 말했다. "얘기 않는 게 좋겠다." 공손추가 물었다. "백이와 이윤은 어떻습니까?" 맹자가 말했다. "각각 경우가 다르다. 임금답지 않으면 섬기지 않고, 백성답지 않으면 부리지 않으며, 다스려지면 나아가고, 어지러우면 물러난 것이 백이의 경우다. 어떤 임금도 상관치 않고, 어떤 백성도 마다 않으며, 다스려져도 나아가고, 어지러워도 나아간 것이 이윤의 경우다. 섬길 만하면 섬기고, 어려울 것 같으면 그만두고, 이어갈 만하면 오래 머무르고, 급한 일은 서둘러 재촉한 것이 공자의 경우이니, 이 모두 성인이다. 감히 비길 수 없지만, 바라기는 공자의 길을 따르고 싶다."

공손추가 물었다. "백이와 이윤을 공자와 비교할 수 있나요?" 맹자가 대답했다. "아니다. 사람으로서 공자 같은 경우는 없다." 공손추가 물었다. "그러면 비슷한 점은 없나요?" 맹자가 말했다. "있다. 백리 땅을 가진 임금이지만, 천하 제후들이 한결같이 머리를 조아린다. 한 번 불의에 눈 감고 한 번 제사드려 천하를 얻는다 해도, 결코 따르지 않는다. 이는 서로 비슷하다." 공손추가 물었다. "외람되지만 다른 점도 알고 싶습니다." 맹자가 말했다. "재아와 자공과 유약은 지혜로 성인의 세계를 헤아렸고, 나름대로 깨달은 바가 있다. 재아는 말한다. '선생님은 요순보다 훨씬 지혜롭다.' 자공은 말한다. '예를 살피니 그 다스림을 헤아리고, 음악소리로 그 덕을 헤아린다. 백세 이후로 수많은 임금 중 그보다 뛰어난 이가 없고, 백성이 생긴 이래로 선생님 같은 이가 없다.' 유약이 말한다. '어찌 한낱 백성이겠는가. 기린이 짐승 중에 빼어나며, 봉황이 새들 중에 뛰어나고, 태산이 언덕 가운데 우뚝하며, 바다가 물을 품은 것같이, 성인이 백성 가운데 있다. 무리 가운데 우뚝하고, 풀잎 가운데 빼어나니, 백성이 생긴 이래로 공자처럼 뚜렷한 경우는 없다."

3-5 _____

나의 거룩한 산 모든 곳에서 해됨도 없고 상함도 없을 것이니, 물이 바다를 덮음 같이 여호와를 아는 지식이 세상에 충만할 것임이니라.[사 11,9]

맹자가 말했다. "짐짓 어진 척하며 힘으로 밀어붙이는 것은 패도(覇道)이다. 패도는 언제나 큰 나라를 바란다. 덕행으로 어진 것을 가리켜 왕도(王道)라 한다. 왕도는 큰 나라를 바라지 않는다. 탕은 칠십리였고, 문왕은 백 리였을 뿐이다. 힘으로 억누르는 것은 마음에서 나온 것이 아니니 이내 바닥이 드러난다. 덕으로 다스리면 기쁜 마음으로 정성을 다하니, 마치 공자의 일흔 제자와 같다. 『시경』은 노래한다. '동서남북 사방에서 한결같이 우러러 따르도다.' 이 노래가 바로 그것이다." 맹자가 말했다. "어질면 번영하고, 어질지 못하면 치욕을 당한다. 이제 욕되기는 싫어하면서 불인하기 일쑤이니, 더러운 것을 싫어하면서 시궁창에 사는 것과 마찬가지다. 이를 싫어한다면, 덕을 높이고 선비를 우러러봄이 으뜸이다. 어진 자가 자리를 잡고 유능한 이가 자리에 있어야 나라가 평안해진다. 이렇듯 나라를 제대로 다스리면, 강대국들도 함부로 대하지 못한다. 『시경』은 노래한다. '장마가 오기 전에 뽕나무 가지로 빈 틈을 메우면, 사람들이 어찌 나를 욕하리오.' 공자가 말했다. '이 시를 지은 이는 지혜롭구나.' 나라를 잘 다스리면 아무도 욕하지 못한다. 나라가 태평하다고 놀고 즐기면, 스스로 화를 부르는 것이다. 화와 복은 자기에게서 비롯된다. 『시경』은 노래한다. '말씀을 새겨 하늘을 따르면 모든 복이 들어온다.' 『서경』은 말한다. '하늘의 운행은 피할 수 있지만, 스스로 불러들인 화는 어쩔 수 없다.' 이게 바로 그런 뜻이다."

맹자가 말했다. "지혜로운 자를 높이고 유능한 자를 택하며 훌륭한 인물들을 세우면 천하 인재들이 기뻐 몰려든다. 시장터를 세워 질서를 잡되 자유롭게 해 주면, 천하 장사꾼들이 다투어 물건을 쌓아 놓는다. 국경을 관리하되 자유롭게 열어 두면, 천하 길손들이 기뻐 몰려온다. 농사꾼마다 돌봐 주고 세금을 면제하면, 천하가 달려와 농사짓는다. 집집마다 인두세와 부역이 없다면, 천하가 달려와 백성이 된다. 이 다섯 가지를 지키면 이웃나라 백성조차 부모 섬기듯 우러러볼 것이다. 자식을 거느리고 부모를 공격하는 백성은 이제까지 없었다. 그러므로 천하에 맞설 이 없으니, 천하에 적이 없으면 이는 바로 하늘의 일꾼이다. 그렇게 하고서도 왕노릇하지 못한 자가 없었다."

3-6 _____

> 하나님이 자기형상 곧 하나님의 형상대로 사람을 창조하시되 남자와 여자를 창조하시고….[창 1,27]

맹자가 말했다. "사람은 모름지기 차마 하지 못하는 마음이 있다. 옛적에 왕이 차마 하지 못하는 마음이 있으니, 차마 하지 못하는 다스림이 있었다. 차마 하지 못하는 마음을 가지고 차마 하지 못하는 다스림을 펼치니 천하를 손 주무르듯 하였다. 모든 사람이 차마 하지 못하는 마음이 있다는 것은, 어린이가 우물에 빠질 때 서둘러 구하는 마음과 같다. 그 부모와 모르는 사이라도 마찬가지며, 이웃의 칭찬 때문도 아니고, 험담이 싫어 그런 것도 아니다. 이로 살피건대, 측은지심, 수오지심, 사양지심, 시비지심이 없으면 사람이 아니다. 측은한 마음은 인의 실마리이고, 수오지심은 의로움의 실마리이며, 사양지심은 예의 실마리이며, 시비지심은 지혜의 실마리이다. 몸에 사지가 있는 것처럼 사람에게는 이렇듯 사단이 있다. 이러한 마음이 있음에도 못한다고 하면 스스로 해치는 자이며, 못하는 임금이라고 하면 임금 자격이 없다. 무릇 이 사단이 있어 한결같이 힘써 넓히고 가득하게 되면, 불이 활활 타오르듯 샘물이 넘쳐흐르듯 한다. 진실로 가득하게 되면 사해(四海)를 아우를 수 있거니와, 진실로 부족하면 부모조차 제대로 섬기지 못한다."

3-7 _____

이제 지체는 많으나 몸은 하나라. 눈이 손더러 내가 너를 쓸데 없다 하거나 또한 머리가 발더러 내가 너를 쓸 데가 없다 하지 못하리라.[고전 12,21]

맹자가 말했다. "화살 만드는 이가 어찌 방패 만드는 자에게 불인하리오. 화살 만드는 이는 적중하려 애쓸 뿐이고, 막는 자는 다칠까 염려할 뿐이다. 무당이나 관 짜는 이들도 마찬가지이다. 그런 까닭에 산다는 것은 늘 애쓰는 것일 뿐이다. 공자는 말한다. '어진 마을에 사는 일은 좋은 것이다.' 어질지 못하다면 어찌 지혜롭다 하리오. 그러므로 어진 것은 하늘이 내리시는 것이요, 사람의 바라는 바이다. 가로막는 이 없는데도 불인한 것은, 지혜롭지 못한 일이다. 어질지 못하고, 지혜롭지 못하며, 예의도 없고, 의로움도 없는 것은 스스로 저지른 것이다. 스스로 잘못하여 부끄럽게 여기는 것은, 활이나 화살을 만드는 이가 활과 화살을 부끄럽게 생각하는 것과 다를 바 없다. 부끄럽다면 어진 마음을 지녀야 하지 않겠는가. 어질다는 것은 활쏘는 것과 같다. 활을 쏘려면 마음을 다스리고 쏴야 한다. 쏘아서 맞추지 못하면 이긴 사람을 탓하지 말고 돌이켜 스스로를 다독거릴 뿐이다."

3-8 _____

복 있는 사람은 악인의 길을 좇지 아니하고….[시 1,1]

맹자가 말했다. "자로는 사람들이 흉을 보면 이를 기뻐했다. 우임금은 좋은 말을 들으면 절했다. 큰 임금 순은 특별하였다. 사람들과 선을 나누되, 자기를 버리고 사람을 따랐다. 다른 이의 선함을 즐거워했다. 손수 농사 짓고, 그릇을 만들며, 고기를 잡다가 이에 황제가 되었으니, 사람에게서 얻지 않은 바가 없었다. 사람들로부터 얻어 선을 이루는 것이 바로 사람들과 더불어 선을 이루는 것이다. 그런 까닭에 군자가 사람들과 어울려 선을 이루는 것보다 중요한 것은 없다." 맹자가 말했다. "백이는 임금답지 않으면 섬기지 않았고, 벗이 아니면 사귀지 않았다. 나라가 꼴불견이면 나서지 않았고, 악인들과는 말을 섞지 않았다. 악인의 조정에 서거나 악인들과 말하는 것을, 예복차림으로 진흙탕에 있는 것처럼 여겼다. 악한 마음을 멀리하며 마을 사람들이 어긋나는 경우에는 툭툭 털고 나오니, 함께 어울리다 휩쓸릴까 염려함이라. 그런 까닭에 웬만한 제후들을 쳐다보지 않으니, 이는 달갑게 여기지 않았기 때문이다. 유하혜는 임금이 어그러져도 마다하지 않았고, 보잘 것 없는 자리도 마다하지 않았으며, 나아가 지혜롭게 처리하고 흔들림이 없었다. 내침을 당해도 원망치 않고, 막다른 골목에서도 끙끙대지 않았다. 그는 이렇게 말한다. '너는 네 식대로 하고, 나는 내 식대로 한다. 내가 벌거벗고 난리를 쳐도, 네가 이래라 저래라 할 이유가 없다.' 그러므로 그러려니 하며 놔두고 흔들림이 없을 뿐이다. 애쓰다가 어쩔 수 없으면 그만둔다. 애쓰다가 그만두는 것은, 그냥 때려치는 것도 경우가 아니기 때문이다." 맹자가 말했다. "백이는 속 좁고, 유하혜는 조심성이 없다. 속 좁은 것이나 삼가지 않는 것 모두 군자의 도리가 아니다."

니코스 카잔차키스의 『그리스인 조르바』에는, 태어나는 어린 나비의 생명을 도운답시고 나섰다가 오히려 죽이게 된 얘기가 실려 있습니다. 애벌레가 허물벗는 것을 지켜보다가 안타까운 마음에 입김을 불어줍니다. 그런데 뜻하지 않게 때를 재촉하는 바람에 나비는 날개도 펴지 못하고 손바닥에서 죽어 버리지요. 삼라만상의 자연이 다 때와 이치가 있는데, 섣불리 이를 거스르게 되면 자연의 커다란 질서는 그냥 무너지고 맙니다. 그런데 춘추전국시대에 이미 공손추와 맹자의 대화에서는 이런 문제를 깊이 다루고 있었습니다.

여기 『공손추』 상편에서는 맹자의 사상적 바탕이 되는 호연지기나 부동심(不動心), 조장(助長), 패도(霸道)와 왕도(王道), 인의예지 같은 주요한 개념들이 등장합니다. 그런데 이는 각기 동떨어진 다른 개념이라기보다는 전체적으로 연결된 고리의 형태를 보여줍니다. 예를 들면 이렇습니다. 싹이 더디 자란다고 이를 돕다가 시들어 버렸던 송나라 사람 이야기는, 인위적으로 하늘의 섭리와 손길을 거스르는 인간의 어리석음과 이른바 조장의 위험을 일깨워 줍니다.

그리고 이는 세상의 유혹에 흔들리는 것을 경계하는 부동심이라는 가르침에 자연스레 연결됩니다. 아울러 하늘의 때를 기다리면서 내공을 다져나가는 호연지기(浩然之氣)의 세계와도 통하는 가르침이지요. 이런 과정을 통해 빈수레만 요란한 패도(覇道)의 정치에 끌려가기보다는, 왕도(王道)의 정치를 통해 천하의 평화를 도모하는 맹자의 사상으로 연결되어 나갑니다. 그리고 이어서 저 유명한 인의예지 같은 사단칠정론의 기초가 이루어집니다.

성서에서도 이러한 흐름은 크게 다르지 않습니다. 유대교의 엄격한 율법 해석과 복음 사이에서 갈등하는 구조로 탄생한 신약성서에는 이러한 가르침이 곳곳에 자리 잡고 있습니다. 요한복음에 나오는 유대교 지도자 니고데모와의 대화가 대표적입니다. 여기에서는 말로 표현하기 어려운 맹자의 호연지기의 세계와 비슷한 이야기가 나오는데, 이는 성령의 세계를 바람에 빗대어 묘사하기 때문입니다. 하늘에 가득한 호연지기처럼 성령은 이리저리 온 세상을 누비며 사람들이 헤아리지 못하는 하늘의 신비를 풀어냅니다(요 3,8).

이처럼 진리의 세계는, 우리 인간들이 사는 현실에서 쉽사리 다가갈 수 없는 비밀스런 하늘의 이치를 품고 있습니다. 그리고 흔들리기 쉬운 인간들에게 진리의 세계는 동과 서 그리고 시대를 가리지 않고 언제나 똑같은 모습입니다. 이 세계는 두렵고 떨리는 마음으로 우리의 눈과 마음과 귀를 활짝 열어 놓아야 비로소 열려지는 신비로운 선물입니다. 어디에도 걸리적거리지 않는 호연지기의 세계이고, 어디선가 바람처럼 다가와 신령한 세계로 이끌어 이 땅에 새로운 창세기를 이루어 나갑니다.

그런데 재미있는 것은, 이러한 하늘의 뜻을 받드는 이를 가리켜 맹자에서는 '하늘의 일꾼' 즉 '천리'(天吏)라고 말합니다. 성서에서도 마찬가지 의미로 하나님의 영에 감동된 사람 또는 예언자라고 표현합니다. 신약에서는 세례요한이 바로 이러한 '하나님의 나라'를 선포한 인물이었고, 그에게 세례를 받았던 이는 바로 예수라는 사나이였습니다. 하늘나라는 이렇게 사람 사는 세상에 불을 밝혀준 프로메테우스의 선물처럼 다가와 이 세상에 환하게 타오르는 횃불이 됩니다.

4장

공손추 II

여호와께서
성을 지키지 아니하시면

4-1 _____

여호와께서 성을 지키지 아니하시면 파수꾼의 깨어 있음이 허사로다.[시 127:1]

맹자가 말했다. "하늘의 때는 땅의 형편을 따짐만 못하고, 땅의 형편을 따짐은 사람의 마음을 얻는 것만 못하다. 내성과 외성을 포위해 공격해도 이기지 못하니, 둘러싸고 공격할 때는 반드시 하늘의 때가 있다. 그래도 이기지 못하는 것은 또한 지리를 헤아리지 못한 까닭이다. 또한 성이 든든하고, 강이 깊으며, 창칼이 빛나고, 군수품도 넉넉한데도 달아나 버린다. 그러니 껍데기보다 마음을 얻는 것이 중요하다. 나라 경계로 백성을 다그칠 수 없고, 산과 계곡으로 나라를 지킬 수 없으며, 수많은 창칼로 천하를 호령할 수 없다. 하늘의 뜻을 받은 자는 모두가 돕고, 하늘의 뜻을 잃은 자는 돕는 이 없다. 돕는 이 없으면 일가친척도 돌아서고, 많은 이가 도우면 천하가 복종한다. 천하가 몰려오면, 돌아선 친척도 무너지는 법이다. 군자는 다투지 않으며, 싸울 때마다 이기게 마련이다."

4-2 _____

누가 능히 하나님께서 택하신 자들을 고발하리요. 의롭다 하신 이는 하나님이시니.[롬 8,33]

　맹자가 왕에게 가려 하니, 왕이 사람을 보냈다. "과인이 몸이 불편해 움직이지 못할 것 같소. 만나 듣고자 하니 어떻소?" 맹자가 대답했다. "안타깝게 병으로 나가기 어렵습니다." 다음날 동곽씨에게 문안하러 나섰다. 공손추가 말했다. "어제 병으로 사양했는데, 벌써 출타하십니까?" 맹자가 말했다. "어제는 아팠고 오늘은 나았으니 가는 것이다." 그런데 왕이 의원을 보내 병을 물었다. 맹중자가 말했다. "임금께서 부르실 때 몸이 아파 못 갔습니다. 오늘 길을 나섰는데 연락해 보겠습니다." 그리고 맹자에게 사람을 보냈다. "어서 왕께 가보십시오." 맹자가 부득이 경추씨 집에 묵으니, 경자가 말했다. "집에서는 아비와 자식이고, 밖에서는 왕과 신하가 큰 도리입니다. 아비와 자식은 은혜로 맺어지고, 왕과 신하는 서로 우러르는 겁니다. 왕은 우러러보는데, 선생은 우러러보지 않는 듯 합니다." 맹자가 말했다. "무슨 말씀이세요? 제나라는 왕에게 인의(仁義)로 말하는 이가 없습니까? 어찌 나를 탓합니까? 이는 인의를 우습게 보는 꼴이니, 이쯤되면 막가자는 겁니다. 나는 요, 순의 가르침이 아니면, 감히 임금님과 만나지 않습니다. 제나라 사람처럼 막가지는 않을 겁니다." 경자가 말했다.
"그런 말이 아닙니다. 예에 이르기를, 아비가 부르면 곧 따르고
임금이 명하면 수레를 기다리지 말라 합니다. 원래는 임금님께 가
려 했는데, 임금이 명령하니 그만두었지요. 그러니 예의 가르침
과 맞지 않다는 뜻입니다." 맹자가 말했다. "뭐가 어긋납니까? 증
자는 이렇게 말하지요. '진과 초나라는 엄청 부강하니 비길 데 없
다. 저들은 부강하고, 나 또한 어질 뿐이다. 저들은 권세가 있고,
나는 의로움을 앞세운다. 아쉬울 게 없다.' 증자가 터무니 없습니
까? 그의 말이 맞지요. 천하에 존귀한 것이 셋입니다. 벼슬이 하
나이고, 연륜이 하나이고, 덕이 하나입니다. 조정에서는 벼슬이
제일이고, 마을에서는 어른이 제일입니다. 세상을 구하고 백성을
돌보는 것은 덕이 제일입니다. 그런데 하나로써 나머지 둘을 무
시할 수 있나요? 그러므로 큰 뜻을 품은 군주는 반드시 훌륭한 인
재가 있습니다. 덕을 기리고 도를 따름이 못 미치면, 더불어 이룰
수 없지요. 그런 까닭에 탕 임금도 이윤에게 배워 신하와 임금이
되고, 환공도 관중에게 배워 왕과 신하로 큰 나라를 이룹니다. 이
제 천하가 들썩이나, 덕은 도토리키재기이니 서로 우러름이 없지
요. 다름 아니라 입바른 신하가 없고 입발림만 있기 때문입니다.
탕 임금과 이윤이나, 환공과 관중은 서로 우러르는 관계였지요.
관중조차도 함부로 대하지 않았건만, 하물며 관중을 우습게 보는
사람을 함부로 대합니까?"

진진이 물었다. "지난 번 제나라 왕이 일백 금을 주니 받지 않고, 송나라에서는 칠십 금을 받으시고, 설나라에서는 오십 금 또한 받았습니다. 지난 번에 거절하셨으니 지금 받는 것은 잘못이고, 지금 받으시면 지난 번 거절은 잘못입니다. 한결같아야지요." 맹자가 말했다. "모두 다 옳다. 송나라에서는 내가 먼 길을 떠나니 주는 전별금이었다. 친히 인사하며 예물로 주니, 내가 받았다. 설나라에서는 위험이 있어, 친히 인사하며 위험할 때 쓰라 하니 받았다. 제나라에서는 아무 일 없었는데 건네주니, 이는 뇌물과 다름없다. 군자가 어찌 뇌물을 넙죽 받겠느냐?"

4-3 _____

나단이 다윗에게 이르되 당신이 그 사람이라.[삼하 12,7]

맹자가 평육을 다스리는 대부(大夫)에게 말했다. "당신 경호원이 하루 세 번씩 도망한다면 어쩌겠소?" 대부가 말했다. "첫 번에 내쫓습니다." 맹자가 말했다. "당신 모습도 다르지 않소. 흉년이 들어 어려우니, 노약자가 구덩이마다 뒹굴고 장정들이 사방으로 흩어진 이가 수천 명이오." 대부가 말했다. "저 혼자 어쩔 수 없습니다." 맹자가 말했다. "남의 소와 양을 맡아 기르는 사람이라면,

열심히 돌봐야 하오. 먹을 것을 구하지 못하면 얼른 주인에게 돌려줘야지, 어찌 죽는 걸 멀거니 바라보는가?' 대부가 말했다. "제 잘못입니다." 얼마 후 맹자가 왕을 만나 말했다. "임금님 신하 다섯을 만났는데, 그중 제일은 공거심뿐입니다." 그리고 자초지종을 말하니, 왕이 말했다. "모두 과인의 허물입니다."

맹자가 지지에게 말했다. "당신이 지방 수령에서 궁궐로 들어왔는데, 이 직책은 바른말 하는 겁니다. 몇 달이 지나는데도 아무말이 없습니다." 이윽고 지지가 왕에게 바른말을 했는데 듣지 않았다. 그래서 최선을 다하다가 그만 사직하였다. 제나라 사람이 말했다. "지지에게 말한 것은 옳다. 그런데 맹자는 뭐하는가?' 공도자가 이 말을 전하니 맹자가 말했다. "내가 아는 한, 명색이 관리로서 일하지 않으면 물러나야 한다. 관리가 말하지 않는다면 물러나야 한다. 나는 관직도 없고, 말하는 임무도 없다. 그러므로 내 뜻에 따라 오고 갈 뿐이다."

맹자가 제나라 대표로 등나라에 문상을 갔다. 왕이 대부 왕환을 함께 보내니, 왕환이 아침저녁으로 문안하나 일체 상의하지 않았다. 공손추가 말했다. "제나라 사신이면 중요한 자리이고, 제와 등나라는 적지 않은 거리입니다. 오가는 동안 한마디 말이 없으니 웬일입니까?' 맹자가 말했다. "제 맘대로 다 말아먹는데, 내 무슨 할 말이 있겠나?'

맹자가 제나라를 떠나 노나라에서 장례를 치렀다. 제나라로 돌아오다가 영 땅에 이르니 충우가 다가와 말했다. "제게 귀한 장례를 맡겨주셔서 고맙습니다. 궁금했는데, 관이 너무 화려한 듯 합니다." 맹자가 말했다. "옛부터 장례는 원칙이 없다. 주나라 무렵 비로소 관과 수레의 규격을 정하니, 천자로부터 모든 이가 똑같되 너무 지나치지만 않으면 된다. 그저 정성을 다할 뿐이다. 형편이 안 되면 흡족할 수 없고, 재물이 없으면 할 수도 없다. 형편도 되고 재물도 있다면, 옛적부터 모두 그렇게 했다. 나라고 못할 까닭이 없다. 돌아가신 이가 흙으로 돌아갈 때까지 든든하면, 사람들 마음 역시 편안하다. 내가 알기로, 군자란 부모 장례 때에 세상의 말을 신경쓰지 않는다."

4-4 _____

가시나무에게 이르되 너는 와서 우리 왕이 되라하매.[삿 9,14]

심동이 찾아와 물었다. "연나라를 쳐도 될까요?" 맹자가 말했다. "쳐도 된다. 자쾌 맘대로 연나라를 처분할 수 없거니와, 자지 맘대로 자쾌로부터 연나라를 받을 수 없다. 임금 몰래 벼슬을 물려주고, 왕명 없이 몰래 넘겨받는 것과 다를 바 없다." 이윽고 제나라가 연나라를 정벌했다. 어떤 이가 물었다. "연나라를 정벌하라 하셨나요?" 맹자가 말했다. "그런 적 없다. 심동이 묻길래 내가 정벌할 만하다고 말했다. 그런데 만일 누가 정벌하는가, 라고 물었다면, 이렇게 말했으리라. '하늘의 사자가 정벌한다.' 여기 살인자가 있어 어떤 이가 물었다. '살인자를 처형할까요?' 그러면 물론이라고 말한다. 헌데 '누가 죽이지요?' 묻는다면 이렇게 말한다. '재판관이 죽일 수 있다.' 이제 연나라가 연나라를 정벌한 셈이니, 도대체 누가 시킨 건지 모르겠다."

연나라 사람이 반란을 일으켰다. 왕이 말했다. "맹자 볼 면목이 없구나." 진가가 말했다. "임금님 너무 걱정 마세요. 임금님과 주공을 견주어 누가 어질고 지혜로운가요?" 왕이 말했다. "이놈, 뭔 소리를 하느냐?" 진가가 말했다. "주공은 관숙에게 은나라를 맡겼는데, 관숙이 반란했지요. 알고 맡겼다면 이는 어질지 못하고, 모르고 맡겼다면 어리석은 겁니다. 어짊과 지혜로움은 주공이라도 어려우니, 임금님은 너무 걱정 마세요." 진가가 문제를 풀겠다고 하며 맹자를 만나 물었다. "주공은 어떤 사람인지요?" 맹자가 말했다. "옛 성인이다." 진가가 말했다. "관숙에게 은을 맡겼지만 배반하였다니 맞습니까?" 맹자가 말했다. "맞다." 진가가 말했다. "배반할 줄 알고도 맡겼나요?" 맹자가 말했다. "그건 알 수 없다." 진가가 말했다. "그러면 성인도 잘못이네요." 맹자가 말했다. "주공은 동생이고, 관숙은 형이다. 어찌 주공의 허물을 나무라느냐. 옛적 군자는 허물을 즉시 고쳤다. 지금은 군자랍시고 허물을 덮으려고만 한다. 옛날에는 군자가 허물이 있으면, 일식 월식 같아 모두 보게 된다. 이에 고치면 백성들이 우러러본다. 오늘날 군자는 덮어 버리기에 급급하니, 모두 변명하기 바쁘다."

4-5 _____

나의 하나님 나의 하나님 어찌하여 나를 버리셨나이까.[막 15,34]

맹자가 사직하기로 하니, 왕이 맹자를 찾아와 말했다. "지난날 뵙고 잊지 못하다가, 함께 나라 일을 하면서 무척 기뻤습니다. 이제 과인을 떠나시니 무척 섭섭합니다. 머물러 계신다면 얼마나 좋을까요?" 맹자가 대답했다. "감히 청할 수 없지만 진실로 바라는 바입니다." 얼마 후, 왕이 신하에게 말했다. "나라에 맹자학교를 세워 일만 금으로 제자를 키우며, 모든 관리와 백성들이 이를 따르도록 하겠다. 가서 이 말을 전하라." 신하가 진자에게 가서 전하니, 이윽고 진자가 맹자에게 고했다. 맹자가 말했다. "알았다. 저 신하가 어찌 그 내막을 알겠느뇨. 만일 내 욕심이 있었다면, 십만 금을 놔두고 일만 금 재물을 탐하겠느냐. 계손이 말했지. '이상하다. 자숙의가 물러나면 그만이거늘 다시 자식에게 벼슬을 물려주네. 욕심이 끝이 없어 부귀를 독차지하며 사사로이

농단하는구나.' 옛날 시장터에서는 각자 물건을 필요한 대로 바꾸고 관리가 보살펴주었다. 그런데 미꾸라지 같은 놈이 나타나 목 좋은 곳에서 싹쓸이하며 이득을 독차지했다. 사람들이 모두 혀를 차니, 비로소 세금을 매기게 되었다. 시장에서 징세하는 것은 이 때문이다."

맹자가 제나라를 떠나 주 땅에서 묵었다. 한 신하가 안타까워 따라와 말하나, 맹자는 대꾸없이 기대 누웠다. 따라온 이가 흥분하여 말했다. "제가 심사숙고하며 따라와 말씀드리는데 선생님은 본체만체하시니, 다시는 오지 않겠습니다." 맹자가 말했다. "잠자코 들어보거라. 옛날 노나라 목공은 자사 옆에 자기 사람이 없으면 염려하였고, 설류와 신상은 목공 옆에 자기 사람 없으면 걱정하였다. 자네는 나를 염려한다면서 자사의 경우는 어찌 모르나. 자네가 나를 무시하는가, 내가 자네를 무시하는가?"

맹자가 제나라를 떠나니 윤사가 말했다. "탕왕이나 무왕과 다름을 몰랐다면 어리석은 것이고, 알고도 찾아왔다면 아쉬워서 온 것이다. 천리를 마다 않고 왔다가 바람맞아 떠나는데, 주 땅에서 사흘이나 머무르니 한심하구나." 고자가 이 말을 아뢰니 맹자가 말했다. "윤사가 나를 잘 모르는구나. 천리 길 왕을 찾아온 것은 내가 뜻한 바이나, 뜻을 얻지 못한 것은 내 뜻이 아니다. 어쩔 수 없어 가는 것이다. 주 땅에서 사흘 묵은 것도 오히려 너무 짧다 했으니, 혹시 왕이 깨닫기를 바랐다. 돌이키면 즉시 나를 찾을 텐데, 주 땅을 벗어나도록 아무 기별이 없었다. 그래서 툭툭 털어버린 것이지, 어찌 내가 왕을 저버리랴. 자질이 충분하여 능력을 발휘하면 제나라뿐 아니라 천하를 구제하고 편안케 되니, 모쪼록 왕이 돌아서기를 매일 바랐다. 어찌 소장부처럼 간언하다 토라지거나, 벌컥 떠나다 진이 빠져 주저앉았겠느냐?" 윤사가 듣고 말했다. "내가 소인배였구나."

맹자가 드디어 제나라를 떠났다. 충우가 길에서 물었다. "선생님, 안색이 좋지 않으십니다. 군자는 하늘을 탓하거나 사람을 원망하지 않는다지요." 맹자가 말했다. "그런 때도 있고, 그렇지 않은 때도 있다. 오백 년마다 기다리던 왕이 나타나고, 비로소 세상에 이름이 드러난다. 주나라 이래로 칠백 년이 훌쩍 넘었으니, 이미 한참 때가 지났다. 하늘이 천하를 바로잡으려는 뜻이 없는가. 만일 천하를 바로잡으려면 나를 버리고 누구를 취하겠느냐? 어찌 안색이 불편한 것이리오." 맹자가 제나라를 떠나 휴 땅에 머물렀다. 공손추가 물었다. "벼슬을 하면서 봉록을 받지 않음이 옛 법도입니까?" 맹자가 말했다. "아니다. 숭 땅에 있을 때 왕을 만났는데, 헤어지며 떠날 뜻을 굳혔다. 그러므로 받지 않은 것이다. 전쟁 때문에 늦어졌을 뿐, 제나라에서 지체된 것은 본 뜻이 아니었다."

『공손추』의 상, 하 두 편은 『양혜왕』 편에 뒤이어 나오는데, 공손추와 대화하는 형식으로 맹자의 주된 가르침을 짚어 봅니다. 『공손추』 상편에서 주요 개념들을 다루며, 하편에서는 어진 군주를 만나 하늘의 뜻을 이루려는 맹자의 꿈과 바람이 마구 뒤엉키다가 스러지고 마는 모습이 그림처럼 생생합니다. 이는 마치 골고다에서 부르짖던 예수의 음성 '어찌하여 나를 버리셨나이까?'(막15,34)라는 음성, 그리고 안연이 죽었을 때 공자가 토해낸 한숨 즉 '하늘이 나를 버리셨구나!'(논어, 선진)'와 같은 멜로디입니다.

여기에는 강대국이었던 제나라를 통해 천하에 하늘의 뜻을 이루어보고자 했던 맹자의 아스라한 꿈과 한숨이 동시에 담겨 있는 셈입니다. 아마도 인의(仁義)를 강조하고 왕도(王道)를 드높이는 식의 구름잡는 듯한 맹자의 가르침이, 세상의 군주들에게는 그리 썩 내키지 않았을 겁니다. 번쩍이는 칼과 창, 삐죽이 솟은 높다란 성벽으로 든든하게 둘러싸여 대군을 호령하던 세상이었으니까 말입니다. 그렇다면 맹자가 끊임없이 되풀이하는 이러한 가르침들은, 언뜻 고리타분한 늙은이의 잔소리쯤으로 들렸을 겁니다.

이러한 모습은 동과 서나 옛적이나 오늘이나 크게 다르지 않습니다. 예를 들어 고대 근동지역에서 칼과 창을 휘두르며 강대국으로 이름을 떨쳤던 다윗 왕국을 들여다보아도 마찬가지입니다.

다윗은 내친 김에 한번 더 천하를 호령해 보려는 속셈으로 이스
라엘 12지파의 장정들을 일제히 점검합니다. 전쟁할 수 있는 인
원을 정리하여 나라의 병력과 부를 확보하고자 했던 것이지요.
그런데 이러한 행태가 바로 하나님의 뜻에 어긋나는 것이었음이
밝혀집니다(대상 21,7; 하나님이 이 일을 괘씸히 여기사 이스라엘을 치시
매). 이처럼 하나님의 평화를 거스르는 인간의 허망한 욕심은, 다
윗 왕과 같은 훌륭한 성군에게도 예외가 아닙니다. 이처럼 유혹
은 우리 인간에게 시나브로 달라붙어 뭉게구름처럼 피어오르게
마련입니다.

　그래서인지 다윗은 부러울 것 없는 막대한 부와 권력을 손에
쥐고 흔들었지만, 끝내 하나님의 평화를 상징하는 성전을 짓는
꿈을 이루지 못합니다. 피로 범벅이 된 두 손은, 자칫 거룩한 하
나님의 성전을 욕되게 하는 또 하나의 부스러기 욕망에 불과하기
때문입니다. 그리고 훗날 아들 솔로몬 왕이 대신 성전을 짓는 주
인공의 이름을 얻게 되지요. 그래서인지 이 공손추 하편에서는
하늘의 뜻보다는 인간의 생각으로 어찌어찌 해 보려는 노력들이
물거품같이 스러진다는 것을 강조합니다.

　그런데 이렇듯 맹자의 논리를 따라가다 보면, 평화와 자연의
섭리를 강조하는 『노자』의 가르침이라든지, 하늘의 뜻과 사람의
길을 이어보려는 『중용』의 가르침과 별로 달라보이지 않습니다.
실제로 이러한 메시지가 선포되는 것을 하나씩 짚어가다 보면,

『맹자』의 본문이나 『노자』의 본문 그리고 『중용』의 본문은 서로 베긴 듯 토씨 하나도 틀림이 없어 똑같은 경우가 많습니다.

이로 미루어보건대, 물론 외형적으로 제자백가의 가르침들은 나름대로의 고유한 이름을 지녔지만, 그럼에도 불구하고 전국시대의 문제의식과 씨름하면서 일정 부분 사상적으로 나란하게 겹쳐지는 부분이 있었던 것이 아닌가 하는 생각이 듭니다. 이로 미루어볼 때 사람사는 세상살이에서 모든 고전의 가르침도 마찬가지라는 생각이 듭니다. 동과 서가 다르고 옛날과 오늘의 차이에도 불구하고, 주머니돈이 쌈짓돈이라는 이야기처럼 우리 인생들은 늘 같은 문제의식을 가지고 씨름하는 것일 테니까 말입니다.

5장

등문공 I

하늘에 계신
아버지의 온전함같이

5-1 _____

하늘에 계신 너희 아버지의 온전하심과 같이 너희도 온전하라.[마 5,48]

등문공이 세자 때 초나라에 가다가 송나라에 있는 맹자를 찾으니, 성선(性善)의 가르침과 요, 순을 일러주었다. 세자가 돌아가는 길에 다시 찾으니 맹자가 말했다. "세자는 내 말이 어려운가요? 이 도는 한마음일 뿐입니다. 성한이 제경공을 가리켜 말합니다. '저 사람도 사나이요 나 또한 사나이니 꺼릴 것이 무엇인가?' 안연도 말했지요. '순임금은 누구이고, 나는 누구인가. 행하는 자는 다 똑같다.' 공명의는 말합니다. '문왕은 내 스승이다. 주공이 어찌 나를 속이리오.' 지금 등나라는 대략 오십 리쯤 됩니다. 그러니 잘 추스르면 훌륭한 나라가 됩니다. 『서경』은 말합니다. '약이 쓰지 않으면, 병이 낫질 않는 법이다.'"

등나라 정공이 죽으매 세자가 연우를 불러 말했다. "예전에 맹자를 만나 배웠는데, 잊을 수 없는 분이다. 이제 큰 일을 당했으니, 맹자 말씀을 듣고 일을 처리하겠다." 연우가 추나라에 가서 물으니, 맹자가 말했다. "잘 생각했소. 부모상은 참으로 마음을 다해야 하오. 증자가 말했소. '살았을 때 예로써 하고, 죽으니 장례로 하며, 제사 또한 예에 맞아야 효도이다.' 제후의 예는 딱히 정한 바 없지만, 일찍이 들은 바 있소. 삼년상에 거친 베옷을 입고 죽으로 끼니하는 바는 천자로부터 서인까지 모두 같소."

연우가 이 말씀을 전하니 삼년상으로 정했다. 그런데 신하들과 집안이 모두 반대하며 말했다. "노나라에도 그런 적이 없고 우리나라에도 전례가 없으니, 지금 바꾸면 안 된다. 우리 기록에 따라 장례와 제사는 전례대로 해야한다. 우리도 나름대로 방식이 있다." 그러자 세자가 연우를 불러 말했다. "내가 지난 날 학문보다는 말 달리고 검술만 좋아하였더니, 오늘날 집안과 조정이 나를 걱정하는구나. 또 맹자의 도움을 얻어야겠다."

연우가 다시 추나라에 가니 맹자가 말했다. "그렇다면 달리 방법이 없다. 일찍이 공자가 말했소. '왕이 죽으면 일체를 총재에게 맡긴다. 미음을 먹고 얼굴색을 바꾸며 즉위하여 곡하면, 모두가 슬퍼하게 마련이니 앞장을 선다. 웃사람이 기꺼이 나서면 아랫사람은 반드시 따라오게 마련이다. 군자의 덕은 바람이고 소인의 덕은 풀이다. 풀은 바람 따라 눕게 마련이다.' 그러므로 문제는 세자에게 달려 있소."

연우가 말씀을 전하니 세자가 말했다. "맞다. 참으로 나에게 달렸다." 이에 다섯 달을 초가에 묵으며 정사를 물리치니, 조정과 집안이 비로소 고개를 끄덕였다. 장례를 치르니 사방에서 몰려와 지켜보았다. 슬퍼하며 애닮게 곡하니, 모인 사람이 기꺼운 마음으로 따랐다.

5-2 _____

고역과 메운 무거운 멍에를 가볍게 하소서. 그리하시면 우리가 왕을 섬기겠나이다.[왕상 12,4]

등문공이 나라 다스림에 대해 물으니 맹자가 말했다. "백성의 일은 때에 맞아야 합니다. 시경은 노래합니다. '낮에 짚을 마련하여 밤에 새끼 꼬아 지붕을 수리하고, 때를 따라 백가지 곡식을 파종하네.' 백성의 경우를 보면, 항산(恒産)이 있어야 항심(恒心)이 있고 항산이 없으면 항심도 없습니다. 진정 항심이 없으면, 제멋대로 헤메다가 자기를 잃어버리고 죄의 구렁텅이에 빠집니다. 끝내 형벌을 받으니, 이는 백성을 죽이는 꼴입니다. 어찌 어진 임금이 백성을 죽입니까? 그런 까닭에 어진 임금은 겸손히 법도를 따르고 백성을 추슬러야 합니다.

양호는 말합니다. '긁어모으면 어질지 못하고, 어질면 긁어모을 수 없다.' 하나라는 오십마다 세금을 매겼고, 은나라는 칠십마다 세금을 매겼으며, 주나라는 백 무에 세금을 매겼습니다. 모두 십분의 일입니다. 철이란 세금을 거두는 것이고, 조란 노동력을 빌린다는 뜻입니다. 용자가 말합니다. '세금은 조가 가장 좋고, 공이 가장 무겁다. 공이라는 세금은 연중 평균을 내어 일정하게 거둔다.' 그러므로 풍년에는 넘치니 많이 거두어도 문제가 없지만, 흉년에는 온갖 거름도 소용없어 바닥이 드러납니다. 백성의 부모로서 자식을 허덕이게 하니, 사시사철 일해도 부모공양조차 어렵습니다. 게다가 빚쟁이에게 빼앗기니, 노인과 아이들은 구덩이에 뒹굽니다. 이 어찌 백성의 부모일까요? 이른바 세록은 본디 등나라에도 있었지요.

『시경』은 노래합니다. '동네 논에 내린 비가, 내 논까지 오는구나.' 따라서 동네 논에는 조라는 세금이 있습니다. 이로 보건대 주나라 역시 조라는 세금이 있었습니다. 상서학교를 세워 가르치니, 상이라는 것은 기른다는 뜻이요 교라는 것은 가르치는 것이고, 서라는 것은 활을 쏜다는 뜻입니다. 하나라는 교라고 했고, 은나라는 서라고 불렀으며, 주나라는 상이라 이름하니, 배운다는 뜻은 삼대가 모두 같습니다. 모두가 인륜을 밝혀 가르칩니다. 윗물이 인륜으로 밝아지니, 무지렁이도 스스럼이 없습니다. 왕이 일어나려면 반드시 이 법을 택하니, 이로써 임금이 모범이 됩니다. 『시경』은 말합니다. '주나라는 비록 오래이나 하늘의 명을 새롭게 다듬었다.' 이는 문왕을 가리킵니다. 임금님도 부지런하면 또한 나라를 새롭게 할 수 있습니다." 이에 왕이 화필을 보내 정전제를 자세히 익히게 하였다.

맹자가 말했다. "왕이 어진 정치를 다짐하여 당신을 보냈으니 잘 들으라. 대저 어진 정치란 반드시 경계를 밝혀 이룬다. 경계가 바르지 않으면, 땅이 들쑥날쑥하고 관리 봉록도 고르지 않게 된다. 그러므로 폭군과 탐관오리들은 경계를 어지럽힌다. 경계를 세워 논을 나누고 봉록을 주면, 비로소 제자리를 잡는다. 대저 등나라는 땅이 작지만, 군자도 필요하고 백성도 있어야 한다. 군자가 없으면 백성을 다스릴 수 없고, 백성이 없으면 군자가 세워질 수 없다. 무릇 시골에서는 아홉 중 하나를 나누어 세금을 삼고, 서울 근처에는 십분지 일로 세금을 매긴다. 대신에게는 규전으로 오십 무씩 나누어주고, 남은 이들은 이십오 무씩이다. 어른이 죽어 이사할 때도 마을을 떠나지 않으며, 마을 논을 함께 일구며 서로가 벗하여 오간다. 서로 돌보고 병구완하니, 백성이 서로 화목하다. 이렇듯 동리마다 정전을 두어 구백 무씩 나누고, 그중 하나를 공전(公田)으로 삼는다. 여덟 가구가 백 무씩 나누고, 공전은 함께 가꾼다. 공전을 먼저 돌보고 이후 각자의 논을 일구니, 이로써 백성의 역할이 정해진다. 이는 커다란 틀이니, 여기 살을 보태 다듬는 것은 임금과 신하들의 몫이다."

5-3 _____

큰 집에는 금과 은의 그릇이 있을 뿐 아니요 나무와 질그릇도 있어 귀히 쓰는 것도 있고 천히 쓰는 것도 있나니….[딤후 2,20]

신농의 가르침을 따르는 허행이 등나라를 찾아와, 대궐 앞에서 문공에게 말했다. "임금님이 어지시니 한뙈기 논을 얻어 백성이 되고자 합니다." 문공이 허락하여 땅을 주었다. 그 무리 여럿이니, 수수한 옷에 짚새기와 멍석을 만들어 먹고 살았다. 진량의 제자 중에 진상과 그 형제 진신이 또한 쟁기와 보습을 가지고 등나라로 왔다. "임금님이 성인의 다스림을 펼친다던데, 과연 성인답군요. 부디 성인의 백성이 되고자 합니다." 진상이 허행을 보자 크게 기뻐하며, 이전 가르침을 버리고 새 가르침을 받았다. 진상이 맹자를 만나 허행의 가르침을 늘어놓았다. "등나라 왕은 진실로 어질군요. 한데 이상합니다. 어진 사람은 백성과 어울려 밭갈아 음식을 삼고, 아침 저녁밥을 손수 지으며 나라를 다스립니다. 오늘날 등나라 창고와 곳간이 그득한데, 백성은 끙끙대니 과연 어질까요?"

맹자가 말했다. "허신은 스스로 농사지어 먹는가?" 진상이 말했다. "그렇습니다." 맹자가 말했다. "허신은 손수 옷을 만드는가?" 진상이 말했다. "아니오. 아무거나 입지요." 맹자가 말했다. "허신은 관을 쓰는가?" "관을 씁니다." "어떤 관인가?" "흰색 관입니다." 맹자가 물었다. "손수 만드는가?" "아니오. 곡식과 바꾸지요." 맹자가 말했다. "왜 손수 만들지 않나?" 진상이 말했다. "농사에 방해가 됩니다." 맹자가 물었다. "허신은 솥에 밥 짓고 쇠스랑으로 농사하는가?" "예." 맹자가 물었다. "그것도 자기가 만드나?" 진상이 말했다. "아니오. 곡식과 바꿉니다." 맹자가 말했다. "곡식과 쇠스랑을 바꾸는 자는 대장장이를 닦달함이 아니요, 대장장이 또한 농사짓는 이를 닦달하는 것이 아니다. 허신은 어찌 도구를 스스로 만들지 않는가? 어찌하여 백공과 교역한답시고 이리저리 쏘다니는가? 어찌 허신은 한마디도 않는가?" 진상이 말했다. "백공의 일은 참으로 농사일과 겸할 수 없습니다."

맹자가 말했다. "그러면 천하 다스리는 일만 농사와 겸하는가. 대인의 일이 있고, 소인의 일이 있다. 한 사람 일이 있고, 백공이 해야 하는 바가 있다. 모든 것을 스스로 만들어 쓴다면, 세상은 온통 시끌벅적할 것이다. 그러므로 말한다. 어떤 이는 마음을 쓰고, 어떤 이는 힘을 쓴다. 마음을 쓰는 자는 사람을 다스리고, 힘을 쓰는 자는 부림을 당한다. 나라를 맡겼으면 삯을 주어야 하고, 다스리는 이는 삯을 받는 것이 천하의 이치이다. 요 임금 때에 천하가 어지러웠다. 홍수가 범람하고, 초목이 무성하여 금수가 날뛰며, 오곡이 자라지 못하고, 동물을 피해다녔다. 도성 복판에 날짐승 들짐승들이 설치니, 요 임금이 근심하며 순에게 맡겼다. 순 임금이 익을 시켜 불을 쓰니, 산과 늪에 불을 놓아 비로소 금수가 물러갔다. 우가 물길을 정리하니, 제수와 탑수가 바다로 흐르고, 여수와 한수가 자리를 잡고, 회수와 사수를 강으로 이끌어 비로소 농사하였다. 팔 년 동안 세 번 집 앞을 지나도 집에 들르지 않았으니, 어찌 논밭에 매달리겠느뇨. 후직이 백성을 가르쳐 농사를 짓게 하고, 나무를 키우며 오곡을 심으니, 무르익어 백성이 편안해졌다. 사람이란 배가 든든하고 따스하게 입으며 편안히 거하되, 가르침이 없으면 짐승과 다름없다. 이를 위하여 설을 시켜 사람의 도리를 가르치니, 부모와 자식이 뜻이 맞고, 군주와 신하가 마땅하게 되고, 남편과 아내가 서로 위하며, 어른과 젊은이가 차례가 있고, 벗들 사이에 믿음이 있다. 요 임금이 말했다. '일하려는 자 몰려오고, 굽어진 것이 곧게 되며, 도움이 날로 늘어나고, 부리니 얻게 되며, 모두 따르니 덕이 날로 커졌다.' 성인이 이렇듯 애쓰니, 한가로이 농사할 틈이 있을까? 요 임금은 순을 얻기 위해 애를 썼고, 순 임금은 우와 고요를 얻기 위해 애를 썼다. 백 무의 땅 만을 일구는 자는 농부일 따름이다. 사람에게 재물을 나눠주니 베푼다 하고, 사람을 선하게 가르치니 충성되다 하며, 천하를 위해 사람을 세우니 어질다 한다. 그런 까닭에 천하와 어울리기는 쉬워도, 천하를 위해 사람을 세우는 것은 어렵다."

지체는 많으나 몸은 하나라. 눈이 손더러 내가 너를 쓸데 없다 하거나 또한 머리가 발더러 내가 너를 쓸데 없다 하거나 하지 못하리라.[고전 12,20-21]

"공자가 말했다. '크도다 요 임금이여. 오직 하늘이 위대하고, 오직 요 임금뿐이로다. 넓기가 한이 없어 백성들이 말을 잃었네. 순 임금이여, 우뚝하여 천하를 가졌으되 아끼지 않으셨네.' 요, 순이 천하를 다스림이 어찌 간단할까. 그저 농사에만 매달리실까. 오랑캐를 깨우친다는 얘기는 있어도 오랑캐에게 배운다는 말을 못 들었네. 진량은 초나라 사람으로 주공과 공자의 가르침에 뜻을 품고 왔으니, 북방의 학자들 가운데 으뜸이다. 뛰어난 선비이니 당신이 심긴지 수 십 년인데, 이제 죽으니 배반하였다. 옛적 공자가 죽었을 때, 삼년상을 지내고 각각 제 집으로 돌아갔다. 자공은 함께 서로 목놓아 울면서, 모두 마음을 다한 후에야 돌아갔다. 자공은 다시 초막을 짓고 삼 년을 머무르다 비로소 돌아갔다. 훗날 자하, 자장, 자유가 유약을 내세워 성인과 닮은 이를 섬기려 하니 증자가 말했다. '강물을 쏟아 빨래하고 가을 태양으로 말려도, 어찌 선생님과 비하겠는가? 오늘날 남쪽 오랑캐가 깍깍 울어대며 선왕의 가르침을 어기는데, 자네는 스승에게서 벗어나 이를 따라가니 이 또한 증자와도 다르다. 듣기에 깊은 산골에서 나와 큰 나무로 옮겨간다는 말은 있어도, 커다란 나무에서 나와 깊은 산골로 가는 경우는 없다. 『시경』은 이렇게 노래한다. '이제 북쪽 오랑캐와 서쪽 오랑캐를 잡으러 가자. 형 지역과 서 지역도 정벌하자.' 주공도 이를 정벌하려 했는데, 자네가 이를 따라가면 옳은 일이 아닐세."

진상이 말했다. "허신의 가르침은 시장터에서 두 말 하지 않는 겁니다. 나라가 평안하니 어린이를 보내도 장터에서 속이지 않습니다. 옷감이나 비단이 크고 작음에 따라 같은 가격이고, 삼베와 명주 솜이 무게에 따라 값도 같으며, 오곡의 많고 적음에 따라 같은 값이고, 신발 크기에 따라 값도 역시 같지요." 맹자가 말했다. "물건이란 품질이 제각각이다. 어떤 것은 다섯 배, 열 배, 천 배 혹은 만 배나 비쌀 수도 있다. 그런데 똑같다고 하면, 오히려 천하를 어지럽힌다. 좋은 신과 보통 것이 같은 값이면, 누가 애써 만들겠느냐. 허신의 말은 속이는 셈이니, 어찌 나라를 다스리겠느냐?"

묵자의 제자 이지가 서벽을 통해 맹자를 만나려 했다. 맹자가 말했다. "만나고 싶지만 몸이 불편하니 나중에 찾아가겠다." 이지가 며칠 후 다시 오려 했다. 맹자가 말했다. "지금은 만날 수 있다. 그런데 서로 감추는 것이 없어야 하니, 솔직히 말하겠다. 당신은 묵자 제자이고, 묵자는 검소한 장례를 가르쳤다. 이로써 세상을 일깨우나, 어찌 이를 지키지 못하는가. 부모상이 거창하였으니, 이는 부끄러운 일이다." 서벽이 이를 전하니, 이지가 말했다. "유자(儒者)의 가르침을 보면, 마치 어린이 돌보듯 한다지요. 모두 차별없이 사랑하라는 뜻이니, 다만 부모로부터 시작한 것뿐입니다." 서벽이 맹자에게 이를 전했다. 맹자가 말했다. "진실로 형님 아들 사랑하듯, 동네 아이를 사랑하는가. 아마 어린이가 우물로 기어가는 것을 말하는 듯하나, 이는 어린아이의 허물이 아니다. 하늘이 생명을 내심은 하나의 뿌리인데, 또 다른 뿌리를 말하는 셈이다. 옛적에 부모 장례하는 법이 없으니, 부모가 죽으면 그저 구덩이에 내버렸다. 그런데 들짐승이 파헤치고 구데기가 달라붙으니, 놀라 차마 볼 수 없었다. 이는 사람 이목 때문이 아니라, 마음에서 우러나온 것이다. 그 때문에 삼태기와 짚으로 둘러 덮으니, 이는 진심에서 나온 것이다. 따라서 효자와 어진 사람이 부모 매장하는 풍습으로 자리잡았다." 이에 서벽이 이지에게 전하니, 이지가 부끄러워 말했다. "귀한 가르침입니다."

등문공 상편에 나타난 맹자의 사상은, 그 당시 여러 제자백가의 사상과 견주어 탁월한 현실적 타당성을 지닌다는 사실을 설득

력 있게 보여줍니다. 그리고 묵자 계열이나 농가(農家) 계열의 가르침이 그럴듯해 보이지만, 막상 현실에서는 당사자들도 실천하기 어려운 자가당착의 모순을 드러낸다고 또박또박 짚어냅니다. 그래서 이 「등문공」편에는 비록 등이 작은 나라이지만, 이상적인 군주의 다스림을 통해 모든 제자백가들이 달려와 유가의 가르침을 모범적으로 구현하는 과정을 논리적으로 잘 그려내고 있습니다.

특히 여기서 맹자가 주장하는 인과 의로움이라는 가르침은 공자와는 약간 다르게 나타납니다. 개인적인 특성이 두드러지는 인의 세계를 더 넓은 시각에서 펼쳐나가기 때문이지요. 이는 급변하는 당대 사회와 공동체를 바라보면서, 이를 건강하게 꾸려나가기 위해 의로움을 내세운 것에서 잘 드러납니다. 물론 이 의(義)는 인(仁)과 상호긴장관계를 가지고 구성되어 있습니다. 아울러 공자는 군주의 위상에 대한 나름대로의 균형감각을 지니고 있었는데 반해, 맹자의 시대에는 군주를 하늘의 심부름꾼 정도로 비신화화(非神話化)합니다. 모름지기 군주란 잘못하면 그저 쫓아내는 심부름꾼에 불과하다는 말이지요.

그러기에 맹자에서는 백성과 사회가 주인공으로 우뚝 자리 잡은 세계관이 펼쳐지는 셈입니다. 이러한 정신은 멀리 고대 근동의 성서 역사에서도 그대로 되풀이됩니다. B.C. 8세기 예언자들이 선포한 의로움의 세계도 그렇거니와, 고대 이스라엘 왕국에서 벌어지는 각 왕조들의 교체 과정에서 하늘의 뜻을 거스르는 왕들의 앞날은 아무도 보장할 수가 없기 때문입니다. 사울 왕조가 그랬고, 다윗 왕조도 그렇습니다. 또한 이름난 솔로몬이 죽은 후 남북으로 나라가 나뉘면서 등장했던, 고대 근동의 기세 높은 북쪽 오므리 왕조 또한 바로 이러한 흐름에서 한 치도 벗어나지 않습니다(왕상 12장. 왕국의 분열 내용 참조).

가만히 앉아 찬찬히 되새겨보면, 한편으로 우리네 인생길은 영롱하고 화려해 보이지만 순식간에 사라지고마는 아침이슬 같다는 말씀이 꼭 들어맞습니다(호13, 3). 그러기에 구름 같은 세상, 이슬 같은 인생으로 스러지지 않는 삶이 무엇인가를 곰곰이 짚어봐야 할 때입니다. "너희가 자기를 위하여 의를 심고 긍휼을 거두라. 지금이 곧 여호와를 찾을 때니 너희 묵은 땅을 기경하라. 마침내 여호와께서 임하사 의를 비처럼 너희에게 내리시리라(호10,12)." 그렇습니다. 그린 까닭에 바로 이때 등문공편의 말씀이나 하나님 말씀은 늘 우리 곁에 맴돌며, 우리가 벌떡 일어나 밭 갈기를 기다리고 있습니다.

6장

우리도 주와 함께
죽으러 가자

6-1 _____

도마가 다른 제자들에게 말하되 우리도 주와 함께 죽으러 가자 하니라.[요 11,16]

진대가 말했다. "제후를 만나지 않으시니 답답합니다. 이제 움직이셔서 크게는 왕도를 이루고 작게는 패도를 이루시지요. 옛말에도 하나를 구부려 열을 얻는다 하니, 기지개를 켜보세요." 맹자가 말했다. "옛날 제경공이 들에서 정 깃발로 관리인을 불렀으나 오지 않으니 죽이려 했다. '뜻 있는 사람은 죽음도 굴하지 않고, 용사는 원칙을 저버리지 않는다.' 공자가 왜 이 말을 했을까? 부르지 않으면 가지 않는 법인데, 무작정 나서면 무슨 꼴불견인가. 또한 하나를 구부려 열을 얻는 것은 이익을 따지는 것이다. 그러다 보면 열을 구부려 하나를 구할 테니, 장차 이를 어쩌겠느냐. 옛날 조간자가 왕량이 모는 수레로 부하 해에게 사냥시켰다. 종일토록 하나도 못 잡으니 해가 말했다. '왕량은 엉터리입니다.' 왕량이 이 말을 듣고 말했다. '다시 한 번 해 보지요.' 이윽고 아침 나절에만 열 마리나 잡으니 해가 말했다. '왕량은 최고입니다.' 그러자 조간자가 말했다. '이제부터 이 수레를 타거라.' 왕량이 이 말을 듣고 거절했다. '내가 원칙대로 수레를 모니 하루종일 허탕이었다. 마구잡이로 하니 금새 열 마리나 잡았다. 원칙대로 하니 백발백중이라는 『시경』의 노래가 있다. 나는 소인배의 수레는 싫다. 수레 모는 자는 활쏘는 자를 헤아려 부끄럽게 생각하고, 짐승을 쏠 때도 언덕받이에서 삼가는 법이다. 하물며 도를 저버리고 막무가내이면 어찌 따르겠는가. 이는 허물이다. 자기를 속이면서 남을 제대로 이끌 수 없다.'"

경춘이 말했다. "공손연 장의는 진짜 대장부다. 한 번 노하매 제후들이 두려워 떨고, 편안히 거하매 천하가 잠잠하다." 맹자가 말했다. "어찌 이를 대장부라 하는가. 자네는 예를 모르는가. 장부라는 말은 관을 썼다는 말이니 아비가 말하는 것이요. 아녀자란 집안을 이루었다는 말이니 어미가 말하는 것이다. 출가할 때 삼가 이른다. 여자가 시집가면 반드시 삼가고 반드시 경계하여 지아비를 거스르지 말고 순순히 따르는 것이 부녀자의 덕이다. 천하의 너른 곳에 거하며, 천하의 바른 곳에 자리잡고, 천하의 큰 가르침을 따르며, 뜻을 얻으면 백성들과 함께하고, 얻지 못하면 묵묵히 제길을 간다. 부귀를 얻어도 흐트러지지 않고, 가난하여도 흔들리지 않으며, 목에 칼이 들어와도 굽히지 않는 것이 바로 대장부이다."

6-2 _____

한 그릇 식물을 위하여 장자의 명분을 판 에서와 같이 망령된 자가 있을까? 두려워하라.[히 12,16]

주소가 물었다. "옛적에 군자가 벼슬을 했나요?" 맹자가 말했다. "옛적 공자는 석 달 동안 섬길 군주를 구하지 못하면 당황하여 쩔쩔맸다고 하네. 떠날 때에 반드시 예물을 준비하였다네. 공명의도 말했네. '옛 사람은 석 달 동안 군주를 찾지 못하면 찾아가서 위로한다.'" 주소가 말했다. "석 달이면 너무 성급하지 않나요?" 맹자가 말했다. "선비가 벼슬을 잃으면 마치 제후가 나라를 잃은 것과 같네. 예에 따르면, 제후는 곡식으로 제사 준비하고 부인은 누에를 쳐서 제복을 마련하네. 제물과 곡식이 없고 의복을 마련하지 못하면 제사를 드릴 수 없네. 또한 선비도 논밭이 없다면 마찬가지네. 제물과 제사 도구, 의복을 어떻게 마련할까. 제사가 없으면 함께 잔치하며 나눌 수 없으니, 어찌 위로하지 않을까?"

"예물을 준비한다는 말은 뭔지요?" 맹자가 말했다. "선비가 벼슬한다는 것은 농부가 농사짓는 것과 같다. 농사하러 갈 때 어찌 쟁기와 보습을 챙기지 않을까?" 주소가 말했다. "진나라는 벼슬하기 괜찮아서 그런 줄 몰랐습니다. 벼슬이 매우 중요한데, 군자가 벼슬하기 어렵다는 말은 뭔지요?" 맹자가 말했다. "지아비는 태어나 일가를 이루고 지어미는 태어나 가정을 꾸리는 것이 부모의 마음이니, 모두 그렇게 한다. 그런데 부모를 따르지 않고 제멋대로 틈을 엿보아 사통하면, 이웃과 부모 모두가 꺼린다. 옛 사람이 벼슬하기 싫어할 리 없다. 다만 도리에 어긋난 것을 꺼리니, 그런 까닭에 어긋난 길은, 틈을 노리는 것으로 여긴다."

6-3 _____

밭 가는 자는 소망을 가지고 갈며 곡식 떠는 자는 함께 얻을 소망을 가지고 떠는 것이라. 우리가 너희에게 신령한 것을 뿌렸은즉 너희 육신의 것을 거두기로 과하다 하겠느냐.(고전 9.10-11)

팽갱이 물었다. "거느린 수레가 수십 대이고, 따르는 무리가 수백 명이니, 제후에게 부담이 크네요." 맹자가 말했다. "도에 어긋나면 한 숟가락도 신세지지 않는다. 도에 맞으면, 순이 요 임금에게 천하를 받아도 크게 여기지 않았다. 자네는 크다 생각하는가?" 팽갱이 말했다. "아닙니다. 선비가 거저 먹으면 안된다는 뜻입니다." 맹자가 말했다. "물자를 유통시켜 남는 것으로 부족한 것을 채우지 않으면, 농부는 곡식이 처치 곤란하고 아녀자의 베는 잔뜩 쌓이네. 잘 유통시키면 목수들과 수레 만드는 자가 곡식을 얻을 수 있네. 들어오면 효도하고 나가면 공경하여, 옛 가르침을 잘 지키는 훌륭한 인재를 키워내지. 자네는 이를 무시하는가? 어찌 목수들과 수레 만드는 자들만 생각하고, 인의(仁義)라는 걸 우습게 아는가?"

팽갱이 말했다. "목수들과 수레만드는 이들은 대가를 바라고 일합니다. 군자는 도를 이루는 것인데, 속으로 대가를 바랍니까?" 맹자가 말했다. "왜 뜻을 들먹이는가? 그저 수고한 대로 지불하면 되네. 자네는 뜻을 따져 주는가, 일한 대로 주는가?" 팽갱이 말했다. "일한 만큼 줍니다." 맹자가 말했다. "어떤 사람이 일하면서, 기와를 깨트리고 칠도 엉망진창이 되었네. 그런데 잘하겠다는 뜻만 밝히면 댓가를 주는가?" "아니오." 맹자가 말했다. "그러면 자네는 뜻을 보아 주는 것이 아니라 일한 대로 주는 것이네."

6-4 _____

너는 삼가며 종용하라. 아람 왕 르신과 르말리야의 아들이 심히 노할지라도 연기나는 두 부지깽이 그루터기에 불과하니 두려워 말며 낙심치 말라.(사 7:4)

만장이 물었다. "송나라는 작은 나라입니다. 이제 나라를 일으키려는데 제와 초나라가 이를 가로막으니 어쩌면 좋을까요?" 맹자가 말했다. "탕왕이 호 땅에 살 때 갈나라 옆이었다. 갈백이 방탕하여 제사하지 않으니 탕왕이 물었다. '왜 제사드리지 않소?' 갈백이 대답했다. '제사 드릴 짐승이 없소.' 이에 소와 양을 보내니, 갈백은 이를 잡아먹고 여전히 제사하지 않았다. 탕왕이 다시 물었다. '왜 제사하지 않소?' 갈이 말했다. '제사 드릴 곡식이 없소.' 이에 호 땅에 사람을 보내 농사를 도우니 노인들이 고마워 대접했다. 갈백은 군사를 시켜 대접하는 음식을 빼앗고 반항하는 이들을 죽였다. 심부름하는 어린이까지 죽이니, 『서경』은 말한다. '갈백이 음식 때문에 원수가 되었다.' 이 말이 그것이다. 이렇듯 어린이까지 죽이니 정벌하였다. 모든 이가 말했다. '천하를 탐한 것이 아니라 불쌍한 백성 때문에 복수했다.' 탕왕이 갈나라부터 정벌하여 열한 나라를 정복하니 천하에 대적할 이가 없었다. 동쪽을 정벌하면 서쪽이 아쉬워하고, 남쪽을 정벌하면 북쪽 오랑캐들이 원망하였다. '어찌 우리를 못보시는가?' 백성이 간절하니 마치 큰 가뭄에 비를 기다림 같았다. 시장터는 여전히 떠들썩하고, 채소도 여전히 넘쳐났다. 폭군을 죽이고 백성을 다독이니, 가뭄에 비 오듯 기뻐했다.

『서경』은 말한다. '안타까이 기다리니, 오시면 시달림이 없으리라.' 유나라가 따르지 않아 동쪽을 다스리고 백성들을 편안케 하니, 귀한 비단으로 주나라 왕을 맞아 신하 되기를 바랐다. 임금이 귀한 비단으로 임금을 맞이하고 백성들은 음식으로 백성을 대접하니, 물과 불난리에서 백성을 구하고 보살폈다. 『태서』는 말한다. '우리 무왕으로 나라를 정벌하고 백성을 돌보아 폭군을 물리치니 탕왕의 뜻이 새롭도다.' 그러니 나라가 작다고 툴툴대지 말라. 진실한 맘으로 다스리면 천하가 머리들어 기쁘게 왕을 맞으리니, 제나라와 초나라가 크다 한들 무엇이 두려울까?'

6-5 _____

복 있는 사람은 악인을 좇지 않고, 죄인의 길에 서지도 않고, 오만한 자의 자리에 앉지도 않고…[시 1,1]

맹자가 대불승에게 말했다. "자네가 왕에게 좋은 인물을 추천한다니, 내 한마디 하겠네. 초나라의 한 귀족이 아들에게 제나라 말을 가르치려는데 제나라 선생이 좋을까, 초나라 선생이 좋을까?" 대불승이 말했다. "제나라 사람입니다." 맹자가 말했다. "제나라 선생은 하나이고 식구들은 모두 초나라 말을 하면, 날마다 회초리로 제나라 말을 가르쳐도 소용없네. 아들을 제나라 한복판에 몇 년 놔 두면, 날마다 회초리로 초나라 말을 가르쳐도 또한 소용없네. 설거주가 훌륭하여 왕궁으로 불렀네. 왕궁에 있는 남녀

노소가 모두 설거주 같다면, 왕이 누구랑 악을 저지르겠는가? 왕궁 사람 모두 설거주와 반대라면, 왕이 누구와 어울려 선을 이루겠는가? 덩그러니 설거주 홀로 송 임금을 어쩌겠느냐?"

공손추가 물었다. "제후를 만나지 않은 이유는 무엇입니까?" 맹자가 말했다. "옛적에 신하되기 싫으면, 만나지 않았다. 단간목은 담을 넘어 피하고, 설류는 문을 열어주지 않았다. 모두 심한 듯 하나, 닦달하면 대개 만나주었다. 양화가 공자를 만날 때도 무례하지 않았다. 대부가 선비에게 선물하니, 직접 찾아가 만났다. 공자가 없을 때 가서 삶은 돼지를 선물한 것이다. 공자 또한 없을 때를 가려 찾아갔다. 양화가 먼저 찾아왔으니, 공자 또한 답례한 것이다. 증자가 말했다. '어깨를 조아려 살살 아첨하는 것은 여름 밭매기보다 힘들다.' 자로가 말했다. '터무니없는 얘기를 듣노라면 얼굴이 달아오르니 이는 내 알 바 아니다.' 그런 까닭에 군자의 갈 길은 명확하다."

대영지가 말했다. "십일조와 시장터 세금을 당장 없애기 어렵습니다. 약간 줄여주고 내년부터 하면 어떨까요?" 맹자가 말했다. "여기 이웃집 닭을 매일 빼내는 사람이 있다. 이를 탓하니 그가 말하기를 '좀 줄여서 한 달에 한 마리씩 빼내고 내년부터 그만두겠소'라고 하면 옳겠는가? 어긋나면 바로 고쳐야지, 어찌 내년으로 미루는가?"

사람들이 잠잠하면 돌들이 소리지르리라 하시니라.[눅 19,40]

공도자가 말했다. "모두 선생님이 말씀을 잘하신다고 합니다. 외람되지만 선생님은 어떻게 생각하세요?" 맹자가 말했다. "내가 말을 잘하는 것 같은가? 아무도 안 하니까 하는 것이다. 세상 사는 이치는 언제나 변함없다. 태평하기도 하고, 어지럽기도 하다. 요 임금 때 물이 넘쳐 온 나라에 가득했다. 뱀과 용이 휘젓고 다니니, 사람이 쫓겨다녔다. 아랫사람은 옹기종기 모여 살고, 웃사람은 동굴에 살았다. 『서경』은 말한다. '강물이 넘치니 몸조심하라.' 여기에서 강이 넘친다는 말은 홍수를 말한다. 우를 세워 다스리니, 땅을 파고 바다로 길을 내어 뱀과 용을 내쫓고 잡초를 제거했다. 그제서야 물이 땅을 넘지 않아 강과 하천을 이루었다. 힘들고 어려운 일을 넘기고 날짐승 들짐승들이 날뛰는 일이 그친 후, 사람들이 비로소 집짓고 살았다. 요, 순이 죽고 성인이 사라지니, 폭군이 날뛰어 궁궐과 집을 헐고 연못을 만들었다. 논과 밭이 동산과 목장으로 바뀌고, 백성은 옷과 음식을 찾아 뿔뿔이 흩어졌다. 나라가 어지러워 동산과 목장, 늪과 호수가 늘어나고, 금수가 날뛰니 주 폭군 때 다시 큰 난리가 났다. 주공이 무왕을 도와 주 폭군을 쫓아내고, 엄나라를 삼 년 만에 몰아냈다. 비렴을 몰아 바다 쪽을 무찌르니 오십여 나라가 무너졌다. 범과 호랑이, 무소, 코끼리를 쫓아내니 천하가 기뻐하였다. 『서경』은 말한다. '우뚝 빛나도다 문왕의 꿈이여. 한결같이 어김이 없구나 무왕의 용맹함이여. 후세들을 일깨우시니 모두 바르고 흠이 없도다.' 세상이 어지럽고 도가 사라지니, 나라가 뒤죽박죽 신하가 임금을 죽이고 자식이 아비를 죽이는도다. 공자가 이를 삼가 '춘추'를 지으니, 『춘추』는 천자에 관한 일이다. 그런 까닭에 공자가 말했다. '나를 알려면 『춘추』밖에 없다. 나를 손가락질하려면 또한 『춘추』밖에 없다.' 성왕이 나지 않으니, 제후들은 제멋대로이다. 처사들도 마구 떠들어대고 양주와 묵적의 얘기만 세상에 가득하다. 천하의 가르침은 양주나 묵적에게 있지 않다. 양씨는 자기만 위하니 임금이 없고, 묵씨는 겸애를 말하니 부모가 없다. 아비도 없고 임금도 없으니, 이는 짐승과도 같다. 공명의가 말했다. '창고엔 고기가 가득하고 마굿간에는 살찐 말이 가득한데, 백성은 배를 곯고 들에는 주린 아낙네들뿐이라.' 이는 짐승을 보살피면서, 사람을 잡아먹는 꼴이다. 양주와 묵적의 가르침이 여전하면, 공자의 가르침은 드러나지 않는다. 이렇듯 그릇된 가르침과 속임수가 인의를 가로막고 있다. 인의가 가리워지니, 짐승을 돌보면서 백성을 잡아먹고 사람들은 서로 아귀다툼이다. 나는 이를 두려워하여 선왕의 가르침에 진력한다. 양묵의 허무맹랑한 가르침을 물리치고, 거짓 가르침이 퍼져나가지 못하게 했다. 거짓에 사로잡히면 만사가 어그러지고, 점점 커지면 나라에 어려움이 생기니, 성인이 다시 와도 이 말은 틀림없다. 옛적에 우 임금이 홍수를 다스려 천하를 태평하게 하고, 주공이 오랑캐와 더불어 맹수를 내쫓으니 백성이 평안해졌다. 공자가 『춘추』를 마련하니, 못된 신하와 훼방꾼들이 모두 두려워했다. 『시경』은 말한다. '오랑캐를 다독이고 징계하니, 누가 감히 나를 막으리오.' 아비도 없고 임금도 없는 이들은 주공이 다스린 바이다. 나 역시 사람들 마음을 바로 잡고자 한다. 그릇된 가르침을 물리치고, 양극화되는 것을 바로잡으며, 거짓 가르침을 몰아내어, 세 성인의 길을 잇고자 한다. 어찌 말만 번지르르한 것일까. 나서는 이 없으니 앞장설 뿐이다. 양주와 묵자를 물리치는 것은 성인을 따르는 이들이다."

6-7 _____

소경된 인도자여 하루살이는 걸러내고 약대는 삼키는도다.[마 23,24]

광장이 말했다. "진중자는 흠 없는 선비입니다. 산골짝에 살면서 삼 일을 먹지 않으니 귀가 멀고 보지도 못했지요. 우물가 오얏나무 벌레가 갉아먹은 나머지를 먹고, 세 모금 삼킨 후에 비로소 보고 들었다지요?" 맹자가 말했다. "제나라 선비 중에 으뜸으로 진중자를 꼽는다. 그러나 진중자가 진실로 흠이 없을까? 진중자가 올곧으려면 지렁이에게 배워야 마땅하다. 지렁이는 마른 흙을 먹고 탁한 물을 마시며 산다. 진중자가 사는 집은 백이가 지었는가, 도척이 지었는가? 먹는 곡식은 백이가 심었는가, 도척이 심었는가? 속내는 알 수 없다." 광장이 말했다. "아무래도 상관없습니다. 그는 신발을 손수 만들고 부인이 베를 짜서 이를 바꾸어 먹지요" 맹자가 말했다. "진중자는 제나라 귀족으로서, 형님은 만종의 봉록을 받는다. 형의 재산이 마뜩지 않아 먹지 않았고, 형의 집 또한 마뜩지 않아 가지 않았다. 한 번은 본가에 갔는데, 어떤 이가 거위를 선물로 보내니 이에 얼굴을 찌푸리며 말했다. '이 꽥꽥이는 도대체 뭐냐?' 하루는 어미가 거위를 요리하여 이를 먹는데, 형이 집에 돌아와 말했다. '이것이 꽥꽥이 고기구나.' 그러자 밖에 나가 토해 버렸다. 어미가 주니 먹지 않고 부인이 주니 먹으며, 형의 집은 거절해도 산골짝 집에는 살았다. 이것이 어찌 온전한 모습인가? 진중자는 지렁이에게 배워야 마땅하다."

요즈음 유럽의 그리스 경제위기 때문에 온 세계가 시끌벅적합니다. 몇 년 전에도 문제가 되어 임시변통으로 땜질을 했다는데, 별 소용이 없는 듯합니다. 이제 빚쟁이에게 나라를 넘기든지, 유럽연합을 탈퇴하여 홀로 살아나가야 할지를 택하는 기로에 선 듯합니다. 그런데 한때는 일인당 소득이 5만 달러를 넘을 정도였다는데, 왜 이같이 천덕꾸러기가 되었을까요?

전문가들이 자세히 분석하겠지만, 언뜻 추려 본다면 부정부패가 사회 곳곳에 스며들어 나라가 이 지경이 된 것이라 생각됩니다. 온 국민이 너나 없이 탈세를 하고, 나라 맡은 지도자들 또한 줏대없이 흔들리면서 관리들조차 뇌물 챙기기에 바쁘다고 하는군요. 그렇다면 이것은 그야말로 밑빠진 독에 물 붓기일 겁니다. 그러고도 나라가 망하지 않는다면, 오히려 그것이 신기할 지경입니다.

우리 사회에 무섭게 퍼진 메르스라는 중동발 전염병도 마찬가지입니다. 처음부터 쉬쉬 숨기기에만 급급했으니 호미로 막을 것을 가래로도 못 막은 것이지요. 꿍꿍이셈 없이 철저하게 방역과 원칙을 지켰다면, 그저 처음에 한두 사람으로 끝나고 말았을 겁니다. 그런데 우리 나라에서 손꼽히는 병원조차도 마찬가지입니다. 정규직은 철저히 방역하였지만 비정규직은 나몰라라 내버려두어 병균을 키웠다니 어이가 없습니다. 돈에 눈이 멀어 버린 오늘 엄연한 현실은 오히려 우리 사회를 송두리째 무너뜨릴 수도 있습니다.

등문공편에서 일관되게 선포하고 있는 가르침은 분명합니다. 원칙과 옛 가르침이 무너진다면, 큰 나라이든 작은나라를 가리지 않고 허물어지는 것은 시간문제라는 거지요. 이는 비단 나라의 지도자나 신하들에게만 해당되는 얘기가 아니라 일반 백성 모두와 관련 있는 얘기입니다. 그러므로 '회개하지 않으면 망한다.'는 것은 동서고금을 막론하고 영원 불변의 진리입니다. 구약성서의 다니엘서 또한 종말과 심판에 연관해서 이러한 진리를 소리높여 선포합니다. '메네메네데겔우바르신(단 5,25).'

성서의 본문은 친절하게도 이 고대 아람어의 뜻을 이해하기 쉽게 다음과 같이 풀어줍니다. '메네는 하나님이 이미 왕의 나라의 시대를 세어서 그것을 끝나게 하셨다 함이요, 데겔은 왕이 저울에 달려서 부족함이 뵈었다 함이요, 베레스는 왕의 나라가 나뉘어서 메대와 바사 사람에게 준 바 되었다 함이니이다.' 그리고 이같은 주제는 바로 이어지는 이루편에서도 첫머리에서 다시 나타날 정도로 거듭 강조됩니다.

『맹자』 전체를 읽어 나가면서 끊임없이 되풀이되는 이러한 주제곡을 듣다보면, 마치 성서의 신구약에서 수시로 만나게 되는 묵시문학적 종말론의 번역본을 마주하고 있는 느낌이군요. 그래서 성서를 읽을 때나 맹자를 읽을 때마다 삼가 옷깃을 여미게 되는 것은 매한가지가 아닐 수 없습니다.

7장

이루 I

저울에 달려서
부족함이 뵈었다

7-1 _____

그 뜻을 해석하건대 메네는 하나님이 이미 왕의 나라의 시대를 세어서 그것을 끝나게 하셨다 함이요. 데겔은 왕이 저울에 달려서 부족함이 뵈었다 함이요….[단 5,27]

맹자가 말했다. "이루의 지혜와 공수자의 솜씨를 지녀도, 다림줄이 없으면 아무 소용 없다. 사광의 재능도 육률이 없으면 소리를 낼 수 없다. 요순의 가르침도 어질지 못하면 천하가 어지러울 뿐이다. 이제 어진 마음과 어진 헤아림이 있어도 백성들이 누리지 못하니, 이는 선왕의 가르침을 따르지 않음이라. 그런 까닭에 아무리 노력해도 다스림에 부족하며, 아무리 가르쳐도 이룸이 없다. 『시경』은 노래한다. '허물이 없고 깨어 있음은 옛 가르침에서 나온다.' 그러므로 선왕의 가르침을 따르고도 잘못되는 경우는 일찍이 없었다. 성인의 눈으로 힘써 살피고, 다림줄로 방향과 수평과 수직을 잡으니 아무 부족함이 없었다. 두 귀를 기울여, 육률을 가지고 다섯 음을 바르게 하니 전혀 부족함이 없었다. 온 마음을 다하니, 이로써 지극한 자비의 다스림으로 그 어짊이 천하를 덮었다. 그런 까닭에 말한다. 높다란 곳에서는 언덕을 이용하고, 낮은 곳에서는 내와 늪지를 이용한다. 나라를 다스림에 선왕의 가르침이 없다면, 어찌 지혜롭다 하리오. 그러므로 오직 어진 자만이 윗자리에 합당하며, 어질지 못한 이가 위에 있으면 많은 사람을 괴롭게 한다. 윗사람이 도로써 이끌지 않고, 아랫사람이 법을 지키지 않으며, 관리들이 믿음직스럽지 않고, 일꾼들이 다림줄을 믿지 않으며, 군자가 의를 저버리고, 소인이 법을 어기는데, 그러고도 나라가 무사하다면 이는 기적과도 같다. 까닭에 성곽이 허술하며 군사가 적다고 위태한 것이 아니다. 농토가 부족하고 재물이 없어 가난한 것이 아니다. 윗사람이 무례하고 아랫사람이 막무가내이면, 도적이 날뛰고 이내 무너지게 마련이다. 『시경』은 말한다. '바야흐로 천하가 뒤집히니, 여기도 불쑥 저기도 불쑥이다.' 여기서 불쑥이라는 것은 제멋대로 날뛴다는 말이다. 임금을 섬길 때 건성건성이고, 나가고 물러남에 제멋대로이며, 말하는 것이 옛 가르침과는 딴판이 된다. 그런 까닭에 말한다. 임금께 힘써 충고하는 것은 공손함이요, 선한 것으로 나쁜 것을 막으면 경건하게 되고, 우리 왕이 모자르다 하면 도적이니라."

맹자가 말했다. "다림줄은 측량의 표준이요, 성인은 인륜의 모범이라. 왕이 되려는 자는 임금의 도에 힘쓸 것이며, 신하 되려는 자는 신하의 도에 힘쓸지니라. 이 둘은 모두 요순의 가르침에 따를 뿐이라. 순이 요 임금 섬기던 바를 모르면, 애써 봤자 제대로 섬기지 못한다. 요 임금이 다스리던 바를 깨우치지 못하면, 백성을 다스리기는커녕 도리어 적으로 만든다. 공자는 말한다. '두 가지 도가 있으니, 어짊과 어질지 못한 것뿐이다.' 백성을 거칠게 다그치면, 몸도 다치고 나라도 망한다. 삼가지 않으면 몸은 위태롭고 나라도 약해진다. 어리석고 우매한 자의 이름은, 효자와 어진 자손이라도 백세에 이르도록 고칠 수 없다. 『시경』은 말한다. '은나라의 거울은 바로 하나라 임금의 다스림이다.' 이 말이 그런 뜻이다."

맹자가 말했다. "하, 은, 주 삼대가 천하를 얻음은 오직 어짊 덕분이요, 천하를 잃음은 어질지 못한 까닭이다. 나라가 일어나고 스러지며, 보존하고 멸망하는 것도 다 이같은 이치이다. 천자가 어질지 못하면 천하가 무너지고, 제후가 어질지 못하면 나라가 망하고, 경대부가 어질지 못하면 정권이 무너지며, 선비와 평민이 어질지 못하면 몸을 다치게 된다. 죽기는 꺼려하면서 어질지 못하니, 취하기 꺼리면서 독주를 마시는 꼴이다."

7-2 _____

너로 큰 민족을 이루고 네게 복을 주어 네 이름을 창대케 하리니 너는 복의 근원이 될지라.[창 12,2]

맹자가 말했다. "사랑하되 부족하면, 사랑을 더하라. 다스리되 부족하면, 지혜를 더하라. 예를 갖추되 대답이 없으면, 진실한가 돌아보라. 일을 벌여도 뜻을 이루지 못하면, 스스로를 돌아보라. 내 몸이 올바르면 천하가 돌아온다. 『시경』은 말한다. '길이 하늘 뜻을 받들면, 줄줄이 복이 굴러온다.'"

맹자가 말했다. "사람들은 항상 말할 때마다 천하국가라고 한다. 천하의 바탕은 바로 나라이고, 나라의 바탕은 언제나 가정이고, 가정의 바탕은 바로 나의 몸이다." 맹자가 말했다. "나라 다스림은 어렵지 않다. 가문을 거스르지 않으면 된다. 가문에서 우러르는 바가 한 나라의 우러르는 바요, 한 나라에서 우러르는 바가 천하가 우러르는 바이다. 그러므로 덕과 가르침이 그윽하면 넘쳐 흘러 천하에 퍼지게 된다."

맹자가 말했다. "천하가 태평하면, 작은 덕이 큰 덕을 섬기고 작은 지혜가 큰 지혜를 섬긴다. 천하가 어지러우면, 작은 것이 큰 것을 섬기고 약한 놈이 힘센 놈을 따른다. 이는 천하의 이치이다. 하늘을 따르는 자는 살아나고, 거스르는 자는 망한다. 제경공이 말했다. '내가 다스릴 수 없는데 상대방을 거절하면, 서로 갈라서게 된다.' 그래서 애달프지만 공주를 오나라에 보냈다. 오늘날 작은 나라가 큰 나라를 섬김에 명령을 거스르면, 이는 제자가 스승의 가르침을 부끄럽게 여기는 꼴이다. 부끄럽게 여긴다면 문왕의 가르침을 따를 수 없다. 문왕을 따른다면, 대국은 5년, 소국은 7

년에 천하를 다스릴 수 있다.

『시경』은 노래한다. '상나라의 자손이 많지만, 상제의 뜻에 따라 제후들이 주나라를 섬겼다. 제후가 따르니 천명이 옮겨지고, 이윽고 은나라 선비도 주나라 제사를 따랐다.' 공자가 말했다. '어짊은 무리들에게 있지 않다. 나랏님이 어질면 천하에 대적할 이 없다.' 천하무적을 바라며 어질지 못한다면, 이는 뜨거운 것을 움켜쥐는 셈이다. 『시경』은 노래한다. '뜨거운 것을 쥐고 놓지 않는 이가 누구냐?'"

맹자가 말했다. "어질지 못한 이에게 무슨 말을 더하랴. 위험한 줄도 모르고 이익만을 좇으니, 불구덩이에 뛰어드는 셈이다. 함부로 말하는 것은, 나라가 망하고 집안이 무너지는 것과 같다. 아이들이 부르는 노래가 있다. '물이 맑구나, 갓끈을 씻자. 물이 흐리구나, 발을 씻자.' 공자가 말했다. '아이들 노래를 들으라. 맑은 물에는 갓끈을 씻고 흐린 물에는 발을 씻으니, 이는 자기 할 따름이다.' 스스로 우습게 여기면 사람들 또한 손가락질하고, 스스로 집안을 더럽히면 다른 이들도 더럽게 여긴다. 나라가 스스로 무너지면 사람들이 쳐들어오는 법이다. 태갑은 말한다. '하늘의 재난은 피하면 되지만, 스스로 부른 화는 피할 수 없다.' 이 말이 그런 뜻이다."

7-3 _____

'다윗이여, 이제 너는 네 집이나 돌아보라' 하고 이스라엘이 그 장막으로 돌아가니라.[왕상 12,16]

맹자가 말했다. "걸, 주가 천하를 잃은 것은 백성이 돌아섰기 때문이다. 백성이 돌아서는 것은 그 마음을 잃었기 때문이다. 천하를 얻으려면 도를 지켜야 한다. 백성을 얻어야 천하를 얻는 법이다. 백성을 얻으려면 도를 지켜야 한다. 백성의 마음을 얻어야 백성을 얻는 법이다. 백성의 마음을 얻으려면 도를 지켜야 한다. 뜻하는 바를 주고 받으며, 싫어하는 바를 남에게 미루지 말라. 백성들이 어진 정치를 따르는 것은, 마치 물이 아래로 흐름과 같고 짐승이 들판을 달리는 것 같다. 그러므로 연못에서 고기를 몰아가는 것은 수달이고 숲 속에서 새를 몰아가는 것은 매이며, 탕왕과 무왕에게로 몰아가는 것은 바로 걸왕과 주왕이다. 만일 천하에 지극히 어진 왕이 있다면, 제후들 모두 달려갈 것이다. 그러면 절로 천자가 될 수밖에 없다. 지금 왕이 되려는 자는 마치 칠 년된 병에 삼 년치 약을 구하는 것과 같다. 만일 약이 없다면 끝내 몸이 나을 수 없고, 인(仁)에 뜻을 두지 못한다면 끝내 근심과 수모를 당해 죽을 것이다. 『시경』은 노래한다. '어찌 깨끗할까. 서로 덮어주다가 모두 망해 버린다.' 이것이 그런 뜻이다."

맹자가 말했다. "스스로 날뛰는 자와는 더불어 말할 것이 없다. 스스로 포기하는 자와는 더 따질 것이 없다. 예와 의를 무시하는 자는 스스로 날뛰는 것이고, 어질거나 의롭지 못하면 스스로 포기하게 마련이다. 어짊은 사람이 편안히 거하는 집이요. 의란 사람의 올바른 길을 말한다. 좋은 집을 텅텅 비워 두고 옳은 길을 우두커니 바라만 보니, 안타깝기 그지없구나."

7-4 _____

보는 바 그 형제를 사랑치 않는 자가 보지 못하는 바 하나님을 사랑할 수가 없느니라. [요일 4,20]

맹자가 말했다. "도라는 것이 눈앞에 있건만 멀리서 구하며, 쉬운 일을 어렵게만 생각하는구나. 세상 사람들아, 집안 식구를 사랑하고, 윗사람을 공경하라. 그러면 천하가 태평하게 된다."

맹자가 말했다. "아랫사람이 윗사람에게 인정 받지 못하면 백성을 얻어 다스리지 못한다. 윗사람에게 인정 받는 법이 있다. 벗에게 믿음이 없으면 윗사람에게 인정받지 못한다. 벗에게 믿음 얻는 법이 있다. 부모를 기쁘게 하지 못하면 벗에게 믿음이 없다. 부모를 기쁘게 하는 법이 있다. 스스로 돌이켜보아 성실함이 없으면 부모를 기쁘게 할 수 없다. 성실한 사람이 되는 법이 있다. 선한 것을 깨닫지 못하면 성실한 사람이 될 수 없다. 그래서 성이란 것은 하늘의 이치이고, 성실함은 사람의 이치이다. 지극한 정성이면 이루지 못할 바가 없다. 성실치 못하면 아무것도 이룰 수 없다."

맹자가 말했다. "백이가 폭군 주를 피해 북쪽 바닷가에 살다가 문왕이 일어남을 보고 말했다. '어찌 돌아가지 않으리오. 서백은 어른을 잘 대접한다 하도다.' 태공이 폭군 주를 피해 동쪽 바닷가에 살다가 문왕이 일어남을 보고 말했다. '어찌 돌아가지 않으리오. 서백은 어른을 잘 대접한다 하도다.' 이렇듯 천하의 존경받는 두 어른이 돌아오니, 천하 모든 어버이가 돌아왔다. 천하 어버이가 다 몰려오니, 그 자식들은 오죽하랴. 제후 가운데 문왕을 따르는 이는, 칠 년이 못 되어 반드시 천하를 다스린다."

맹자가 말했다. "염구가 계씨의 재상이 되니, 덕으로 다스리기보다는 세금만 많이 거두었다. 그러자 공자가 말했다. '염구는 내 제자가 아니다. 얘들아, 북을 울리고 녀석을 무찔러 버리자.' 이로 보건대 어진 정치보다 재물에만 눈이 어둡다면, 공자에게도 버림받게 마련이다. 하물며 무지막지한 전쟁을 벌인다면, 더 말해 무엇하리오. 땅을 차지하려 다투니 들판에 시체가 가득하고, 성을 빼앗으려고 달려드니 안팎으로 시체만 널렸다. 이는 땅에 눈이 멀어 사람을 잡아먹는 꼴이니, 그 죄가 죽어 마땅하다. 그런 까닭에 전쟁만 일삼으면 가장 큰 벌을 받고, 제후들과 짝짜꿍 하는 자는 다음이고, 묵은 땅을 넓히려는 자는 그 다음이다."

7-5 _____

네 부모를 공경하라. 그리하면 너의 하나님 나 여호와가 네게 준 땅에서 네 생명이 길리라.[출 20,12]

맹자가 말했다. "사람을 헤아림에 눈동자 만한 것이 없다. 눈동자는 그 마음속을 숨기지 않는다. 속마음이 올바르면 눈동자가 맑고, 속마음이 어두우면 눈동자가 흐리다. 말을 듣고 눈동자를 헤아리면 어찌 사람이 속으리오." 맹자가 말했다. "겸손한 자는 사람을 깔보지 않고, 삼가는 자는 사람을 윽박지르지 않는다. 깔보고 윽박지르는 것은 복종하지 않을까 염려하는 것이니, 어찌 겸손과 삼감을 얻으리오. 겸손과 삼가는 것은 그저 큰소리나 겉모습으로 얻는 것이 아니다."

순우곤이 말했다. "남녀가 손을 잡지 않는 것이 예입니까?" 맹자가 말했다. "예이다." 순우곤이 말했다. "형수가 물에 빠지면 어떻게 할까요?" 맹자가 말했다. "형수가 물에 빠졌는데 가만히 있으면 이는 짐승이다. 남녀가 손을 잡지 않음이 예이고, 형수가 물에 빠져 붙잡으니 옳은 일이다." 순우곤이 말했다. "천하가 어지러운데, 선생님은 그냥 손놓고 계십니까?" 맹자가 말했다. "천하가 어지러우면 도로써 다스리고, 형수가 물에 빠지면 손을 내민다. 자네는 손으로 세상을 다스리는가?"

공손추가 말했다. "군자가 자식을 직접 가르치지 않는 것은 왜인지요?" 맹자가 말했다. "어렵기 때문이다. 가르치는 것은 반드시 올바름으로 한다. 올바르지 않으면 감정이 생긴다. 감정이 끓으면 이는 오랑캐가 되는 법이다. 아비가 바르게 이끌지만 못할 때도 있다. 그런 까닭에 아비와 자식 모두 오랑캐가 되어 어그러지고 만다. 옛적에 서로 바꿔 가르쳤으니, 부자지간에는 간섭하지 않는 법이다. 간섭하면 틈이 벌어지고, 틈이 벌어지면 껄끄럽기가 이만저만이 아니다."

맹자가 말했다. "섬김에 큰 것이 무엇인가. 부모 섬기는 것이 제일 중요하다. 다잡는 것 중에서 큰 것이 무엇인가. 스스로 다잡는 것이 제일 중요하다. 스스로를 다잡으면 부모를 잘 섬길 수 있다. 스스로 다잡지 못하면서 부모 잘 섬긴다는 말은 듣지 못했다. 모든 것이 그렇지만, 부모 섬기는 것이 섬김의 기본이다. 모든 것이 그렇지만, 제 몸을 다잡는 것이 기본이다. 증자가 증석을 봉양하매, 고기와 술을 빠트리지 않았다. 나머지는 여쭈어 처리하고, 여분을 물으면 넉넉하다 말했다. 증석이 죽은 뒤 증자가 증원에게 봉양을 받으니, 고기와 술이 빠지지 않았다. 나머지는 즉시 가

저갔고, 여분을 물으면 없다고 했다. 나중에 다시 드리려는 것이니, 이는 먹는 것만 생각한 것이다. 증자는 마음까지 헤아려 봉양한 셈이니, 부모 섬김은 증자같이 해야 한다."

7-6 _____

네 형제들아 너희는 선생된 우리가 더 큰 심판받을 줄을 알고 많이 선생이 되지 말라.[약 3,1]

맹자가 말했다. "사람을 다그치거나 나랏일을 들먹이는 것은 별 소용이 없다. 오직 대인만이 왕의 실수를 바로잡을 수 있다. 왕의 어짊보다 큰 것이 없고, 왕의 의로움보다 큰 것은 없다. 왕의 올바름보다 큰 것이 없으니, 왕이 바로 서면 나라가 바로잡힌다." 맹자가 말했다. "애쓰지 않았는데 명예를 얻기도 하며, 전심전력해도 무너질 때가 있다." 맹자가 말했다. "말을 함부로 하면, 아무도 거들떠보지 않는다." 맹자가 말했다. "사람이 잘못되는 것은, 모두 선생 되기를 좋아하기 때문이다."

악정자가 자오를 따라 제나라로 가서 맹자를 찾으니 맹자가 말했다. "어찌 왔는가?" 악정자가 말했다. "왜 그러십니까?" 맹자가 말했다. "언제 왔는가?" 악정자가 답했다. "좀 됐습니다." 맹자가 말했다. "그러니 내가 이러는 걸세." 악정자가 말했다. "묵을 곳이 없어 늦었습니다." 맹자가 말했다. "자넨 묵을 곳을 정하고 스승을 찾는다 배웠나?" 악정자가 말했다. "잘못했습니다." 맹자가 악정자에게 말했다. "자네는 자어 무리와 어울려 먹고 마시며 왔네. 자네가 옛 가르침을 배우고도 그리 사는 것이 나는 마뜩지 않아."

맹자가 말했다. "세 가지 불효가 있는데, 그중 제일은 후손이 없는 것이다. 순 임금이 한마디 의논도 없이 부인을 맞으니, 후손 때문이다. 군자가 이를 합당한 것으로 여겼다." 맹자가 말했다. "인(仁)의 속 뜻은 부모를 잘 섬기는 것이다. 의(義)의 속 뜻은 형제를 사랑하는 것이다. 지혜는 이 둘을 새겨 떠나지 않는 것이고, 예는 이 둘을 분명히 실천하는 것이며, 낙은 즐거이 이 둘을 벗하는 것이다. 이같이 즐기면 끊임없이 퍼져나가니 어찌 이를 그치리오. 그치지 못하니 발은 춤을 추고 손은 절로 흥이 난다."

맹자가 말했다. "천하가 기뻐하며 절로 몰려든다. 천하가 기뻐하며 몰려와도 이를 티끌처럼 여기니, 바로 순 임금이 그러하다. 효도하지 않으면 어찌 그런 인물이 되었을까? 부모에게 순종하지 않고서 어찌 아들 되었을까? 순 임금이 극진히 부모 섬기니, 아비인 고수가 매우 즐거워했다. 고수가 매우 즐거워하니, 천하가 바뀐다. 고수가 매우 즐거워하니, 천하 모든 아비와 자식도 한결같았다. 이를 가리켜 커다란 효라 하였다."

네 부모를 공경하라는 말은 동서고금을 막론하고 늘 우리네 인생들의 입에 오르내리는 단골메뉴입니다. 그래서 칼 바르트라는 20세기 서구 신학자는 어버이가 바로 하나님의 대리자(REPRAESENTATEN)라고 선포합니다. 감리교신학대학장이셨던 윤성범 목사님 또한 이러한 흐름에서 '예수님은 모름지기 효자다.'라고 복음을 풀이하여 한국기독교의 지평을 새롭게 열어놓았습니다(윤성범전집 3권, 347쪽, 도서출판 감신).

이처럼 자세히 따져보면, 부모 공경은 원래 기독교 신학의 기초이기도 합니다. 보이지 않는 하나님 사랑한다는 얘기는 뜬구름 잡는 것과 마찬가지이기 때문입니다. 그래서 성서는 말합니다. '보이는 형제자매도 사랑하지 못하면서 보이지 않는 하나님을 어떻게 섬기나(요일 4,20)'라고 말씀하지요. 또한 예수님도 하나님 예배를 핑계삼아 부모님을 모른 척 하는 이들에게 '고르반' 하지 말라 하셨고(막 7,11), 같이 사는 형제와 다투고 제단에 예배드리는 사람은 제물을 두고 먼저 형제와 화해하라고 얘기합니다(마 5,24).

그런데 맹자의 사상 또한 기본적으로 이런 맥락에 기초해 있습니다. 물론 동아시아 사상가들 거의 대부분이 그렇습니다만 여기 이루편에서 거듭 강조하는 것은 제대로 효도할 수 있을 때에 비로소 세상의 이치를 헤아려 천하를 다스릴 수 있다는 것이지요.

"도라는 것이 눈앞에 있는데 멀리서 구하며, 쉬운 일을 어렵게만 생각하는구나. 세상 사람들아, 제 집 식구를 사랑하고 윗사람을 공경하라. 그러면 천하가 태평하게 된다."는 이루편의 본문 말씀이 그것입니다.

그래서일까요? 이렇듯 천하를 집안 다스리는 것으로 이해하는 통치 철학은 구약성서의 대표적인 통치자였던 다윗 왕조를 살펴보아도 금방 드러납니다. "온 이스라엘이 자기들의 말을 왕이 듣지 아니함을 보고 왕에게 대답하여 가로되 우리가 다윗과 무슨 관계가 있느뇨? 이새의 아들에게서 업이 없도다. 이스라엘아, 너희의 장막으로 돌아가라. 다윗이여, 이제 너는 네 집이나 돌아보라(왕상 12,16)."

세상을 쩌렁쩌렁 울리며 찬란하기 그지없었던 전성기의 다윗 왕조였습니다만, 입에서 입으로 퍼져나갔던 솔로몬의 부귀와 권세조차 그만 아스라한 꿈이 됩니다. 그리고 다윗 왕조는 손자대에 이르러 집안 단속부터 다시 시작하는 것으로 쪼그라들었습니다. 맹자의 가르침을 빌려 얘기한다면, 이제 덕이 다하여 그만 무너져 버리고 말았다는 얘기올시다. 이렇듯 열두 지파가 연합한 거대한 통일 제국이 무너진 후, 다윗 왕조는 헤브론의 유다 지파만 덩그러니 남게 되었고, 각 지파들은 각기 제 집으로 돌아갑니다.

이루 상편의 전반부에서 맹자는, 세계와 나 자신이 이렇듯 상호 유기적으로 밀접하게 관련되어 있다는 점을 분명히 밝힙니다.

"천하의 바탕은 바로 나라이고, 나라의 바탕은 언제나 가정이고, 가정의 바탕은 바로 나의 몸이다." 그러므로 통치라는 기술적 행위의 시작은 바로 나의 덕성 그리고 부모 자식의 관계라는 구도에 충실합니다. "나라 다스림은 어렵지 않다. 가문을 거스르지 않으면 된다 … 그런 까닭에 덕과 가르침이 그득하면 넘쳐 흘러 천하에 퍼지게 된다."

일찍이 진시황이 대륙을 통일하는 기초가 되었다고 평가받는 순자의 사상은 매우 합리적인 틀을 지니고 있습니다. 그래서 언뜻 그가 말하는 기계적이고 도식적인 합리주의가 오늘날에도 매우 유용해 보일지 모릅니다. 그 때문에 낯선 서구인들 또한 맹자보다는 순자에게 고개를 더 끄덕거리는 것이 보통입니다. 물론 맹자도 그것을 모르는 바 아닙니다. 그러나 인간의 삶은 그저 고개를 끄덕거리는 정도의 깊이로는 좀처럼 헤아릴 수 없는 신비로움의 연속입니다. 믿음의 조상이라고 일컫는 아브라함의 발걸음은 합리적이기보다는 고되고 험악하기 그지없습니다. 그럼에도 뚜벅뚜벅 무소의 뿔처럼 내딛는 그의 발걸음은, 어느덧 바닷가의 모래알처럼, 저 하늘의 별과 같이 수많은 믿음의 후손들을 낳는 놀라운 역사를 이루기 때문입니다. 고지식하게 의를 고집하며 패도(霸道)보다는 왕도(王道)의 길을 외쳤던 맹자의 발걸음 또한 세상의 제후들에게는 외면당했지만 바로 이러한 영원의 세계를 꿰뚫어보았던 셈입니다.

8장

이루 II

너는 복의
근원이 될찌라

8-1 _____

거기는 헬라인이나 유대인이나 할례당과 무할례당이나 야인이나
스구디아인이나 종이나 자유인이 분별이 있을 수 없나니.[골 3,11]

맹자가 말했다. "순 임금은 제풍에서 태어나, 부하로 이사했고,
명조 땅에서 죽으니, 동쪽 오랑캐이다. 문왕은 기주에서 태어나,
필영에서 죽으니, 서쪽 오랑캐이다. 땅이 서로 천리가 넘고, 시대
가 서로 천년이 차이난다. 그러나 중국에서 뜻을 이루니 모두가
똑같다. 옛 성인과 훗날 성인의 발자취가 똑같다."

자산이 정나라를 다스리니, 자신의 수레로 강을 오가는 제나라
사람들을 태워주었다. 맹자가 말했다. "뻘뻘 땀 흘려보지만, 다
스리는 것은 시원찮다. 십일 월에 조그만 다리를 놓고, 십이 월에
큰 다리를 완성하면, 온 천하가 맘껏 다닐 수 있다. 군자가 제대
로 다스리면, 떠들썩하게 행차해도 문제가 없다. 어찌 시시콜콜
좇아다니며 고생하는가. 무릇 통치자란 온 백성이 편해야 좋은
법이다."

8-2 _____

남에게 대접을 받고자 하는 대로 너희도 남을 대접하라. 이것이
율법이요 선지자니라.[마 7,12]

맹자가 제선왕을 만나 말했다. "임금이 신하를 아끼면, 신하도
임금을 극진히 모십니다. 임금이 신하를 개나 소 부리듯 하면, 신
하도 임금을 심드렁하게 여깁니다. 임금이 신하를 거들떠보지도
않는다면, 신하도 임금을 죽일 놈으로 여깁니다." 왕이 말했다.
"예에 따르면, 옛 군주를 위해 상복을 입었다는데 정말 그럴까
요?" 맹자가 말했다. "신하가 진심으로 아뢰면 이를 헤아려 사랑
으로 다스리며, 이웃나라로 떠나면 왕이 소개장을 써주고, 삼 년
이 지난 후 비로소 남은 재산을 정리합니다. 이처럼 세 가지 예를
지키니, 기꺼이 상복을 입었습니다. 지금은 신하가 아뢰도 시큰
둥하며, 이웃나라로 떠나면 오히려 잡아 가두거나 잔뜩 험담이나
하고, 떠나는 즉시 재산을 앗아갑니다. 이렇듯 철천지 원수이니,
어느 누가 상복을 입겠습니까?" 맹자가 말했다. "죄없이 선비를
죽이면 대부들은 떠나게 마련이다. 죄없는 백성을 죽이면 선비들
도 사라지게 마련이다."

맹자가 말했다. "왕이 어질면 이보다 더 큰 것이 없고, 왕이 의
로우면 이보다 더 큰 의로움이 없다." 맹자가 말했다. "예의에서

벗어나는 것이나 의로움에서 벗어나는 일 따위는 거들떠보지도 않는 것이 대인이다." 맹자가 말했다. "알맞다는 말은 알맞지 못한 이를 다독이는 것이고, 재주 있다는 말은 재주 없는 이를 다독이는 것이다. 그런 까닭에 어진 부모와 형제가 있는 사람은 더할 나위가 없다. 알맞으면서도 알맞지 못한 이를 저버리고, 재주 있으면서도 재주 없는 이를 저버리면, 어진 것과 어리석음이 서로 어긋나 돌이킬 수 없다."

맹자가 말했다. "무릇 마구잡이로 나서지 않는다면, 비로소 할 수 있는 가능성이 생긴다." 맹자가 말했다. "함부로 말을 내뱉으면 큰 어려움을 만나게 된다." 맹자가 말했다. "공자는 무엇이든지 지나친 바가 없었다." 맹자가 말했다. "큰 사람은 인기에 매달리지 않고 결과를 따지지도 않는다. 언제나 의로울 뿐이다." 맹자가 말했다. "큰 사람은 어린아이와 같은 마음을 잃지 않는다."

8-3 _____

그 속에서 영생하도록 솟아나는 샘물이 되리라.[요 4,14]

맹자가 말했다. "잘 먹고 잘 입는 것은 그다지 중요하지 않다. 죽음 앞에서도 삼가 변치 않는 것이 중요하다." 맹자가 말했다.

"도로써 찬찬히 헤아리는 것은 스스로 얻는 바가 있기 때문이다. 스스로 깨달으면 편안해지고, 편안해지면 바탕이 든든해진다. 바탕이 든든해지면 더욱 밝아져서 근본을 만나게 된다. 그런 까닭에 군자는 스스로 깨닫는 바를 찾는다." 맹자가 말했다. "널리 헤아리고 일일이 짚어보는 것은, 돌이켜 간략하게 정리하고자 함이다. 입발린 말로 떠든다고 감화되지는 않는다. 마음이 열려야 천하가 복종한다. 천하의 마음을 얻지 못하고 왕이 된 사람은 없다." 맹자가 말했다. "말에는 사실 불길한 바가 없다. 불길하다는 말은 지혜를 덮어 버린다."

서자가 말했다. "공자께서 물을 바라보며 말씀하셨다지요. '잘도 흘러가는구나.' 왜 그러셨나요?" 맹자가 말했다 "끊임없이 솟는 샘물은 밤낮을 가리지 않는다. 가득 차고 넘쳐 흐르다가 드디어 넓은 바다에 이른다. 근원이라는 것은 이와 같다. 참 근원이 없으면, 장마철에 큰 비가 내려도 구덩이에 가득 찼다가 금방 말라 버린다. 그러므로 지나치게 떠벌이는 것을 군자는 부끄럽게 여긴다." 맹자가 말했다. "삶이란 짐승들과 별로 다를 바 없다. 보통 사람들은 무심코 지나치지만, 군자는 늘 삼간다. 순 임금이 사소한 일에도 인륜을 살피는 것은, 바로 인과 의에서 비롯한 것이다. 인과 의라는 것은 떠벌이는 것이 아니다."

맹자가 말했다. "우 임금은 좋은 술을 마다하고 좋은 말만 가려 썼다. 탕 임금은 중심을 잃지 않고 언제나 어진 사람을 세웠다. 문왕은 백성의 아픔을 헤아리고 도를 생각하며 끊임없이 애쓰셨다. 무왕은 가깝다고 무심하지 않았고, 멀다고 해서 잊어버리지 않았다. 주공은 세 왕의 다스림을 늘 잊지 않고, 네 분 왕의 일을 잘 따랐다. 어긋난 것이 있으면 삼가 깊이 새기고, 밤이 맞도록 씨름하다 해결하면 눕지 않고 새벽을 기다렸다." 맹자가 말했다. "옛 왕의 자취가 사라지매, 『시경』이 끊어졌다. 『시경』이 끊어지니, 『춘추』가 자리잡았다. 진나라에서는 승이라 하고, 초나라에서는 도올이라 하며, 노나라에서는 춘추라 하니 모두 한 가지이다. 그 내용은 제환공과 진문공에 관한 것으로 문장은 사관에게서 나왔다. 공자는 말했다. '그 뜻은 내가 가만히 생각하여 풀었다.'"

맹자가 말했다. "군자의 덕은 다섯 세대면 끊어진다. 소인의 덕도 다섯 세대면 끊어진다. 내 비록 공자에게서 배우지는 못했지만, 깊이 사모하여 그 말씀을 간직했다." 맹자가 말했다. "가능하면 취하지만, 불가능한데 얻고자 하면 상처만 남을 뿐이다. 줄 수 있으면 주되, 줄 수 없는데 주는 것은 베풂이 아니다. 죽어도 되지만, 구태여 죽으려는 것은 용기가 아니다."

8-4 _____

내 마음이 네 마음을 향하여 진실함과 같이 네 마음도 진실하냐.

여호나답이 대답하되 그러하니이다. 가로되 그러면 나와 손을 잡자.[왕하 10,15]

방몽이 예에게서 활을 배웠다. 예로부터 배운 다음 생각했다. "세상에 나보다 뛰어난 사람은 예이다." 그리고 예를 죽였다. 맹자가 말했다. "예라는 사람도 얼마간 잘못했구만." 공명의가 말했다. "무슨 잘못이 있습니까?" 맹자가 말했다. "비록 사소하지만 어찌 잘못이 없겠는가?"

정나라에서 자탁유자를 내세워 위나라를 공격하자, 위나라에서 유공지사로 이를 막게 하였다. 자탁유자가 말했다. "오늘은 내가 몸이 아파 활을 잡을 수 없으니, 죽을지도 모르겠다." 그리고 부하에게 물었다. "나를 따라오는 자가 누구냐?" 부하가 말했다. "유공지사입니다." 그러자 그가 말했다. "내가 살겠구나" 부하가 말했다. "유공지사는 위나라 명사수입니다. 어찌 안심하십니까?" 자탁이 말했다. "유공지사는 윤공지타에게 활을 배웠고, 윤공지타는 내가 가르쳤지. 윤공지타는 경우를 아는 사람이다. 그래서 벗들도 모두 올곧은 사람들이다." 이윽고 유공지사가 다가와 말했다. "선생은 왜 활을 쏘지 않습니까?" 자탁이 말했다. "오늘 내가 몸이 불편하여 활을 잡을 수가 없다." 유공이 말했다. "제가 윤공지타에게서 활을 배웠는데, 윤공지타는 또 선생께 배웠습니다. 선생님 가르침으로 차마 선생님을 해할 수 없지요. 그러나 왕의 명령이니 빈 손으로 갈 수는 없습니다. 바퀴에 대고 살촉을 떼어낸 다음 한 차례 쏘고 돌아갔다.

8-5 _____

너희는 마음에 근심하지 말라 하나님을 믿으니 또 나를 믿으라.[요 14:1]

맹자가 말했다. "뛰어난 미인이라도 냄새가 지독하면 코를 틀어막고 후다닥 지나간다. 보기 흉한 사람도 몸을 추스르고 가다듬으면 어엿이 상제에게 제사할 수 있다." 맹자가 말했다. "세상에서 말하는 본성은 바로 까닭이라는 것일 뿐이다. 까닭이라는 것은 이로운 것을 바탕으로 한다. 지혜를 꺼리는 사람은 제멋대로이다. 지혜로운 사람은 마치 우 임금이 물을 다스리듯 하니, 지혜를 꺼릴 바 없다. 우 임금이 물을 다스려 태평하게 되니, 지혜로운 사람이 태평하게 행하면 그 지혜 역시 위대한 것이다. 하늘이 높고 별들이 아득히 멀어도 진실로 그 까닭을 구하면 천년 뒤의 날짜까지도 헤아릴 수 있다."

공행자 집안이 상을 당했다. 우의정이 조문하러 들어서니 사람들이 몰려왔다. 우의정이 자리에 앉으니 모두 둘러앉았다. 맹자는 어울리지 않으니, 우의정이 씁쓸하여 말했다. "다들 왁자지껄한데 맹자만 홀로 잠잠하니, 삐졌구만." 맹자가 말했다. "예에 이르길 서로 자리가 다르면 말을 나누지 않고, 계급이 다르면 서로 절하지 않는다 했소. 나는 예를 따를 뿐인데, 삐졌다 하니 매우 생뚱맞구려."

맹자가 말했다. "군자가 여늬 사람과 다른 바는 그 마음을 지킨다는 점이다. 군자는 인으로써 마음을 지키고, 예로써 마음을 지킨다. 인이라 함은 사람을 사랑하는 것이고, 예라는 것은 사람을 존중하는 것이다. 사랑이 그윽하면 사람들이 언제나 좋아하게 마련이고, 늘 삼가는 사람은 언제나 존경받게 마련이다. 어떤 사람이 함부로 대하면, 군자는 반드시 스스로 돌이켜본다. '내가 불인(不仁)하고 무례하구나, 어찌 내게 이럴까 탄식한다.' 스스로 돌이켜 어질고 예를 갖추었는데 함부로 대하면, 군자는 스스로 돌이켜 '내가 진실하지 못하다.'고 말한다. 스스로 돌이켜 진실함에도 함부로 대하면 군자는 말한다. '이는 망녕된 사람일 뿐이다. 짐승과 더불어 무엇을 따지겠는가, 짐승에게서 무엇을 바라겠는가? 그런 까닭에 군자는 끊임없이 애쓸 따름이고, 사소한 일로 한탄하지 않는다. 그러므로 애쓰는 마음은 이런 것이다. 순 임금도 사람이고, 나 또한 사람이다. 순 임금은 세상에 모범이 되어 후세에 전해지는 바, 그렇지 못하면 여늬 사람에 불과하다. 그러므로 이 정도 되려면, 구체적으로 어떻게 애써야 하는가? 그저 순 임금처럼 할 뿐이다. 만일 군자가 근심에 빠진다면 망할 것이다. 어질지 않으면 하지 말고, 예가 아니면 행치 말라. 근심은 잠깐이니, 군자는 근심하지 않는다."

우와 직이 뜻을 얻어 열심히 일하며 집 앞을 세 번 지나쳐도 들어가지 않으니, 공자가 어질다고 말했다. 안회가 어지러운 세상을 만나 누추한 곳에 살며 한 그릇 밥과 한 사발 물로 지냈다. 사람들은 실로 감당하기 어려우나 안회는 이를 즐거이 여겼으니, 이에 공자가 어질다 했다. 맹자가 말했다. "우와 직과 안회는 모두 같은 모습이다. 우는, 세상에 곤경을 겪는 자 있으면 자기 일처럼 여겼다. 직은, 세상에 굶는 이가 있으면 자기가 굶는 듯 여겼다. 이처럼 내 일로 여겼으니, 우와 직과 안회는 입장을 바꾸어도 마찬가지다. 지금 집안에 다투는 자가 있으면, 잠옷바람에 갓이 없어도 일어나 말리는 것이 마땅하다. 동네 사람 중에 다투는 자 있다고 무작정 나대는 것은 어색하다. 차라리 문을 닫는 것이 마땅하다."

8-6 _____

하나님이 이르셨으되 네 부모를 공경하라 하시고….[마 15,4]

공도자가 말했다. "광장은 나라에서 모두 불효자라 합니다. 선생님은 더불어 만나 예를 갖추시니 어쩐 일입니까? 맹자가 말했다. 세상에는 다섯 가지 불효가 있다. 빈둥거리며 부모를 모시지 않는 것이 첫 번째이고, 놀음과 술을 즐기며 부모를 돌보지 않는 것이 두 번째이다. 처자식만 챙기며 부모를 외면하는 것이 세 번째이고, 제멋대로 놀며 부모를 욕되게 하는 것이 네 번째이며, 고집 부려 부모를 위태롭게 만드는 것이 다섯 번째이다. 광장이 이같이 잘못한 것이 있는가? 아비와 옳음을 다투다가 서로 사이가 벌어졌다. 책선(責善)이라는 것은 친구 사이 일인데, 아비와 자식 간에 불거진 것이다. 광장의 입장에서 어찌 처와 자식을 저버리겠는가? 아비께 죄를 얻으니, 부득이 부인과 자녀를 내보냈다. 마음 씀씀이가 이같지 않았다면 죄가 더욱 커질까봐 그런 것이니, 광장이 어쩌겠는가?'

증자가 무성에 있을 때, 월나라 도적들이 몰려왔다. 사람들이 말했다. "도적떼가 몰려오니 피하세요." 증자가 말했다. "내 방을 잠그고, 나무도 잘 보살피라" 도적떼가 물러가니 말했다. "담장을 손봐라. 집에 가야겠다." 도적떼가 물러가고 증자가 돌아오니, 이웃들이 말했다. "선생님을 정성껏 섬겼는데, 도적이 오니 선생님이 먼저 피난하여 안타까웠습니다. 또 도적들이 물러간 후 돌아오시니, 차마 보기에 좀 그렇습니다." 심유행이 말했다. "잘 알지 못해서 그렇다. 예전에 부추의 난리가 있었는데, 선생님을 따르는 무리 칠십 명 가운데 하나도 휩쓸리지 않았다." 자사가 위나라에 있을 때, 제나라 도적들이 몰려왔다. 사람들이 말했다. "도적이 오니 피하시지요." 자사가 말했다. "내가 도망하면 임금은 누구와 나라를 지키는가?" 맹자가 말했다. "증자와 자사는 모두 같은 모습이다. 증자는 스승이요 아비와 같은 존재이다. 자사는 신하이고 부하이다. 증자와 자사의 입장이 바뀌어도 마찬가지이다."

8-7 _____

숨은 부끄러움의 일을 버리고 궤휼 가운데 행하지 아니하며….
[고후 4,2]

저자가 말했다. "왕께서 심부름으로 선생님이 뭐가 특별한지 알아보라 합니다." 맹자가 말했다. "뭐 별 거 없지요. 요순도 다 똑같은 사람인데…."

제나라 사람 중에 첩과 처를 거느린 이가 있었다. 나가면 언제나 술과 고기를 두둑이 먹고 돌아왔다. 부인이 물으면 부자나 높은 사람과 어울렸다고 했다. 처가 첩에게 말했다. '이 양반이 나가면 술과 고기를 두둑이 먹고, 부자나 높은 이들과 어울렸다고 한다. 그런데 한 번도 본 적 없으니 따라가 보겠다.' 아침에 가만히 남편을 뒤좇으니, 여기저기 쏘다니다가 동쪽 공동묘지에 이르러 제사 음식을 얻어먹었다. 부족하면 또 다른 곳에서 술과 고기로 배를 채웠다. 이를 본 부인이 돌아와 첩에게 말했다. '이 딱한 양반과 평생 살아야 하는구나…' 부인과 첩이 한탄하며 뜰에서 서로 부둥켜안고 우는데, 남편은 히히덕거리며 돌아와 부인과 첩에게 거들먹거렸다. 모름지기 군자라면, 부귀와 이익과 출세를 찾다가 부인과 가족에게 부끄러움과 눈물이 되지 말아야 한다.”

　기독교가 조선 땅에 자리를 잡던 초기 역사를 짚어보면, 이른바 천주교는 동아시아 사회를 뒤흔들며 커다란 분란을 일으켰습니다. 조상 제사를 우상숭배로 몰아가며 전통적인 동아시아의 기본 뿌리를 송두리째 흔들어 놓았기 때문입니다. 잘 아다시피 조선사회는 유교의 가르침을 뿌리 삼아 구성된 일종의 제정일치(祭政一致) 사회라고 평가할 수 있습니다. 사문난적(斯文亂賊)이라 하며 휘두르는 칼날에 피비린내가 진동하는 것을 보면 소름이 끼칠 정도였으니 말입니다.

　그러기에 천주교와 조선은, 피비린내 나는 초기 역사를 지니고 있어 서로의 껄끄러웠던 모습을 쉽사리 지울 수가 없습니다. 그런데 개신교가 자리를 잡아 가던 개화기 무렵은 좀 다릅니다. 앞서 천주교와 조선의 충돌에서 얻게 된 학습효과 때문인지는 몰라도, 개신교는 주로 교육과 의료, 출판 등을 앞세워 간접적인 선교 방식을 취합니다. 이러한 선상에서 동아시아 사회에 걸맞는 토착화된 선포가 등장하는데, 바로 '예수는 모름지기 효자이다.'(윤성범전집, 3권, 347면)라는 생각입니다.

이는 주로 동아시아에서의 오랜 전통을 나름대로 소화하면서 우러나온 것으로 특히 부자유친(父子有親)이라는 개념을 바탕으로 기독교의 진리를 풀어냅니다. 이러한 해석학에 따르면, 이루 편에서 시종일관 드러나는 부모 공경과 가족 중심주의 못지않게 기독교의 가르침 또한 부모 공경과 조상 숭배의 틀을 종교적 명제로 내세우고 있습니다. 그런데 윤성범 님의 경우처럼 풀어내는 토착화 작업은, 그리 만만하지가 않습니다. 동아시아 문명과 고대 근동의 두 전통을 깊이 있게 들여다보는 작업은 이에 걸맞는 깊은 영성과 고된 사색의 과정을 필요로 하기 때문입니다.

그럼에도 21세기 지구마을로 가까워진 오늘의 문화다양성 시대에, 이러한 작업은 빠트릴 수 없는 숙제로 다가옵니다. 예를 들어서 2001년 미국의 9.11 사건은 좋은 예이지요. 이것은 오늘날 지구촌의 문화다양성을 외면하는 사회에서 언제든지 벌어질 수 있는 현실을 잘 말해 줍니다. 그래서 S. 헌팅턴도 이른바 '문명충

돌'(Clash of civilization)이라는 형태로 빚어질 수 있는 오늘의 비극에 대해서 짚어낸 적이 있습니다. 서로의 문명에 대해, 삼가는 마음으로 다가서는 상호 이해와 수용의 마음씨만이 후손들의 미래를 열어 나갈 수 있기 때문입니다.

그러기에 미국은 9.11 사태 이후 버락 후세인 오바마라는 흑인계 유색인을 대통령으로 선출하는 놀라운 저력을 보여줍니다. 이와같이 문화다양성의 시대를 살아가는 오늘 우리에게, 이 책은 어렵지만 꼭 헤쳐나가야 할 길입니다. 그래서 여기 이루편에서 강조하는 효와 하늘 공경의 세계를 하나하나 짚어 가는 일은 손에 땀을 쥐게 합니다. 마치 기독교에서 가장 중요한 계명이라고 선포되는 하나님 사랑과 이웃 사랑 그리고 부모님 공경의 길을 읽어 나가는 듯한 착각에 빠지는 것은 비단 나 혼자만의 생각이 아닐 테니까 말입니다.

9장

만장 I

죽기까지
복종하셨으니

9-1 _____

자기를 낮추시고 죽기까지 복종하셨으니 곧 십자가에 죽으심이
라.[빌 2,8]

만장이 물었다. "순(舜)이 농사짓다 하늘보고 울었다지요. 왜
그랬나요?" 맹자가 말했다. "가슴이 먹먹해서 울었다." 만장이 말
했다. "부모를 사랑하면 기뻐 잊지 못하고, 부모가 싫어도 섬기며
탓하지 않습니다. 왜 순은 원망했나요." 맹자가 말했다. "옛날 장
식이 공명고에게 말했지. '순이 농사지은 것은 잘 압니다. 하늘 향
해 울었다는데, 부모에 대해서는 들은 바 없습니다.' 공명고가 말
했다. '너는 잘 모를 게야.' 공명고의 말은, 효자의 마음을 잘 헤아
리라는 뜻이다. 그저 힘써 농사짓고 자식의 도리를 다할 뿐이다.
부모가 나를 사랑치 않는 걸 어찌 하겠는가. 요 임금에게 아들 아
홉과 딸 둘 그리고 많은 신하와 재물이 있었다. 이 모두를 열심히
농사짓던 순에게 맡겼고, 천하 선비들은 모두 이를 따랐다. 임금
이 장차 천하를 넘기려 하매, 부모께 복종하지 않았다면 거들떠
보았겠는가. 천하 선비들이 기뻐 따름은 누구나 바라는 바이나,

순 임금은 오히려 근심하며 애썼다. 사람들은 모두 미인을 원하지만, 임금의 두 딸을 얻고도 오히려 근심하며 애쓸 뿐이었다. 사람들은 부를 바라지만, 천하를 소유하고도 오히려 근심하며 애쓸 뿐이었다. 명예는 누구나 바라지만, 천하에 가장 귀한 자리에 있어도 오히려 근심하며 애쓸 뿐이었다. 사람들이 칭송하는 것, 미인을 얻는 것, 부귀와 명예를 얻는 것보다는 근심하며 애쓸 뿐이었다. 이는 오직 부모 섬기는 마음이 해결책임을 보여준다. 어려서는 부모에게 매달리고, 여자를 알게 되면 여자에게 매달리고, 처와 자식이 있으면 처자에게 매달리고, 벼슬하면 임금에게 매달리고, 임금이 없대해도 중심을 잃지 않는다. 가장 큰 효는 평생부모를 섬기는 것이다. 오십이 되도록 섬기는 것을 나는 위대한 순에게서 발견하였다."

만장이 말했다. "『시경』은 노래합니다. '아내를 얻을 때에는, 반드시 부모께 아뢴다.' 이 말이 맞다면 순 임금은 이상합니다. 부모께 아뢰지 않고 부인을 얻었으니까요." 맹자가 말했다. "일이 되게하려고 그랬다. 남녀가 해로하는 것은 인륜의 대사이다. 꼬치꼬치 따지다보면, 일이 어그러져 원망만 쌓인다. 그러니 말하지 않았다." 만장이 말했다. "말없이 부인을 얻은 것은 그렇다 치고, 요 임금은 딸을 시집보내며 왜 알리지 않았나요?" 맹자가 말했다. "요 임금 또한 일을 그르칠까 염려했기 때문이다."

만장이 말했다. "부모가 순을 창고에 가둬 불사르거나 우물에

묻으려 했습니다. 동생인 상은 말하지요. '형의 지위와 재산은 내 것이다. 소와 양 그리고 창고는 부모님께 드리고, 창과 칼과 활과 가야금 그리고 두 공주는 내 차지이다.' 상이 궁궐에 이르러 가야금을 타는 순을 보고 부끄러워 말합니다. '형님, 별일 없으세요?' 순 임금은 말합니다. '신하들이 많으니 함께 다스리자.' 그럼에도 동생이 죽이려는 뜻을 알지 못했나요?" 맹자가 말했다. "어찌 몰랐겠는가. 상이 근심하니 함께 근심하고, 상이 기뻐하니 함께 기뻐한 것이다." "그러면 순 임금은 짐짓 기뻐한 겁니까." 맹자가 말했다. "아니다. 예전에 정자산에게 누가 물고기를 바쳤다. 자산이 연못에 놓으라 하니, 신하가 몰래 잡아먹고 말했다. '잘 놀다가 그만 사라졌습니다.' 자산이 말했다. '좋은 데로 갔구나.' 신하가 물러나 말했다. '어찌 자산을 지혜롭다 하는가. 잡아먹었는데 꼬박 속아 넘어가네.' 이렇듯 군자가 속는 것도 한 방편이다. 하지만 도에 어긋나면 용서하지 않는다. 형을 사랑하는 마음으로 찾아왔다면, 그저 믿고 기뻐할 뿐이다. 어찌 거짓이겠는가."

9-2 _____

마음을 같이 하여 같은 사랑을 가지고 뜻을 합하며 한마음을 품어, 아무 일에든지 다툼이나 허영으로 하지 말고 오직 겸손한 마

음으로 각각 자기보다 남을 낫게 여기고….[빌 2,2-3]

만장이 물었다. "상이 호시탐탐 순을 죽이려 했는데, 천자가 되고 왜 동생을 내쫓았나요?" 맹자가 말했다. "제후로 보냈으니 쫓아냈다고 볼 수 있다." 만장이 말했다. "순 임금이 공공을 유주로 내보내고, 환두는 숭산으로 쫓아내고, 삼묘는 삼위에서 죽이며, 곤우는 우산에서 죽였지요. 천하의 잘잘못을 가리니 다 복종했습니다. 불인(不仁)하면 벌하는데, 상은 불인하고도 유비땅 제후로 삼으니, 유비 사람들은 무슨 죄입니까? 어진 사람은 그러합니까? 다른 사람은 벌하고 동생은 제후로 삼았군요." 맹자가 말했다. "어진 이의 동생이니, 벌하지 않고 원망하지 않았다. 사랑하는 마음일 뿐이다. 친하여 귀히 여기고, 사랑하여 넉넉케 함이다. 유비로 보내어 제후로 높였으니, 천자가 되어 동생을 모른 체 하면 어찌 덕스러울까?" 만장이 말했다. "그런데 내쫓았다는 말은 뭐지요?" 맹자가 말했다. "상이 나라를 추스르지 못하니, 사람을 보내 나라와 재정을 챙겼다. 그런 까닭에 내쫓았다고 하나, 사실 백성을 돌보았던 셈이다. 그래도 동생이니 늘 만나고 자주 찾으니, 조공 없이 유비를 자주 만났다는 기록이 이를 가리킨다."

함구몽이 물었다. "사람들이 이르기를, 덕이 큰 사람은 임금이 신하로 여기지 않고 부모가 자식으로 여기지 않는다고 합니다. 순임금이 천하를 다스리니, 요가 제후를 거느리고 섬기며 고수가 머리를 조아렸습니다. 순 임금이 고수를 보고 꺼렸다는데 공자는 말합니다. '이렇듯 아슬아슬한 시절이었다.' 이 말이 사실일까요?" 맹자가 말했다. "아니다. 이는 군자 아닌 동쪽 오랑캐 생각일 뿐이다. 요 임금이 늙으니, 순이 섭정한 것이다. 요전은 말한다. '28년이 흘러 방훈이 죽으매, 삼년상으로 온 나라가 음악을 거두었다.' 공자가 말했다. '하늘에 두 해가 없고, 백성에게 두 왕이 없다.' 순이 천자가 되어 천하 제후들을 거느리고 삼년상을 치렀다면 천자가 둘인 셈이다."

함구몽이 말했다. "순 임금이 요를 신하 삼지 않음을 알았습니다. 『시경』은 노래합니다. '하늘 아래 넓은 곳에 왕의 땅이 끝이 없네. 바닷가에 이르기까지 모두 왕의 신하로다.' 그러므로 순이 천자가 되었는데, 이상한 것은 고수가 신하 아님은 어찌 된 겁니까?" 맹자가 말했다. "이 노래는 그런 뜻이 아니다. 왕명에 따라 일하느라고 부모를 제대로 봉양하지 못한다는 말이다. 즉 모든 것이 다 나랏일인데 홀로 어려운 일을 도맡았다는 뜻이다. 그러므로 『시경』을 해석할 때는 글자에 얽매여 문장을 놓치지 말고, 문장에 얽매여 뜻을 거스르지 말아야 한다. 뜻을 거스르지 말아야 제대로 이해할 수 있다. 만일 글자만 놓고 보면, 운한의 시에는 주나라에 백성이 하나도 없는 셈이다. 진정 주나라에 사람이 없었을까? 지극한 효는, 어버이를 공경하는 것보다 큰 것이 없다. 어버이를 지극히 공경하면 이는 천하를 가장 잘 다스리는 것이다. 천자가 되어 부모를 받드는 것은, 천하를 가장 잘 다스리는 길이다. 『시경』은 말한다. '길이길이 효를 새겨라. 효를 이룸이 근본이니라.' 바로 이를 가리키는 말이다. 『서경』은 말한다. '삼가 고수를 만나매 늘 공손한 마음이었고, 고수도 이를 기꺼워했다.' 그러니 아비가 함부로 아들처럼 대하지 않았던 것이다."

9-3 _____

내가 하나님을 대신하리이까.[창 50,19]

만장이 말했다. "요가 순에게 천하를 주었다 하니 맞습니까?" 맹자가 말했다. "아니다. 천자가 천하를 누구에게 주는 것이 아니다." 만장이 말했다. "허나 순이 천하를 쥐었습니다. 누가 주었나요?" 맹자가 말했다. "하늘이 주었다." 만장이 말했다. "하늘이 구체적으로 명령했어요?" 맹자가 말했다. "아니다. 하늘은 말이 없으니, 사건을 통해 보여준다." 만장이 물었다. "그게 무슨 말입니까?" 맹자가 말했다. "천자는 그저 하늘에 맡길 뿐이니, 하늘에게 감놔라 배놔라 할 수 없다. 제후는 천자에게 맡길 뿐이니, 천자에게 감놔라 배놔라 할 수 없다. 대부는 제후에게 인물을 추천하지만, 제후에게 감놔라 배놔라 할 수 없다. 옛적 요가 하늘에 순을 맡기니, 하늘이 이를 받아주었다. 세상에 드러나니 백성 또한 받아주었다. 그러므로 이렇게 말한다. '하늘은 말이 없다. 사건을 통해 보여줄 뿐이다.'"

만장이 물었다. "맡기니 하늘이 들으셨고, 앞에 나서니 백성이 받아들였다는 것은 무엇입니까?" 맹자가 말했다. "제사 드려 모든 신이 흠향하니 하늘이 들으신 것이고, 나라를 다스리매 태평하니 백성이 받아주었다는 말이다. 하늘이 들으시고 사람이 받아준다. 그런 까닭에 천하를 제멋대로 줄 수 없다는 말이다. 순이 요를 도와 28년을 다스리매, 사람이 이룬 것이 아니고 하늘이 이룬 것이다. 요가 죽고 삼년상을 마친 후 순은 강남으로 피하니, 천하 제후들이 요의 아들에게 가지 않고 순에게 갔다. 재판하는 자들은 요의 아들에게 가지 않고 순에게 갔고, 칭송하는 자들은 요의 아들이 아니라 순을 칭송했다. 그런 까닭에 하늘이 이룬다는 말이다. 이윽고 돌아와 왕위에 올랐다. 그런데 요의 궁에 살면서 요의 아들을 쫓아냈다면, 이는 찬탈이지 하늘이 준 것은 아니다. 태서는 말한다. '하늘은 백성의 눈으로 보고, 백성의 귀를 통해 듣는다.' 이것이 바로 그런 뜻이다."

9-4 _____

사람이 마음으로 자기의 길을 계획할지라도 그 걸음을 인도하는 자는 여호와시니라.[잠 16,9]

만장이 물었다. "우왕 때 덕이 사라지니, 어진 사람보다는 아들에게 물려주었다는데 맞습니까?" 맹자가 말했다. "아니다. 그렇지 않다. 하늘이 어진 이에게 주는 것이고, 하늘이 아들에게 주는 것이다. 옛적 순이 하늘에 우를 맡기니, 17년 후 순이 죽었다. 삼년상을 마치고 우가 순의 아들을 피해 양성으로 가니, 천하 백성이 모두 좇았다. 마치 요가 죽은 후 요의 아들보다는 순을 좇음 같았다. 우가 익을 하늘에 맡기니 7년 후 우가 죽었다. 삼년상을 마치매 익이 우의 아들을 피해 기산 숲으로 피하니, 제후와 백성이 익에게 가지 않고 계에게 엎드려 왕으로 불렀다. 칭송하는 자들도 익이 아니라 계를 보고 왕이라 칭송했다. 단주는 아비를 닮지 못했고, 순의 아들 역시 닮지 않았다. 순이 요를 도와 일하고 우가 순을 도와 일하니, 햇수가 길어 많은 백성이 은혜를 입었다. 계는 지혜롭게 우의 가르침을 받들었다. 익이 우를 도왔지만, 연수가 길지 않으니 백성들이 골고루 혜택을 입지 못했다. 순과 우는 다스림이 길었으나, 자식들의 지혜가 모자랐다. 이는 모두 하늘 때문이니, 사람이 어찌하지 못한다.

열고 닫는 것은 하늘이고, 못 미치거나 이루는 것은 운명이다. 보통 사람이 천하를 얻으려면 순과 우의 덕이 있어야 하고 천자의 맡기는 바가 있어야 한다. 그런 까닭에 공자가 천하를 얻지 못한 것이다. 선조에게 천하를 물려받았어도 하늘이 폐하니, 이는 걸주와 같다. 그런 까닭에 익과 이윤과 주공은 천하를 얻지 못했다. 이윤이 탕을 도우니 천하의 왕이 되었다. 탕이 죽으니 태정은 기회를 얻지 못하고, 외병은 2년을 다스렸으며, 중임은 4년을 다스렸다. 태갑은 탕의 교훈을 저버리니 이윤이 3년간 동 땅으로 내보냈다. 태갑이 허물을 뉘우쳐 스스로 다잡아 동 땅에서 인의(仁義)를 3년간 힘쓰니, 이윤의 가르침을 몸에 새겨 다시 돌아왔다. 주공이 천하를 얻지 못함은 마치 하나라의 익과 같고 은나라의 이윤과 같다. 공자가 말했다. '요, 순은 물려주고 하, 은, 주는 이어받으니, 모두 한 가지이다.'"

9-5 _____

내가 누구를 보내며, 누가 우리를 위하여 갈꼬. 그때에 내가 가로되 내가 여기 있나이다. 나를 보내소서.[사 6,8]

만장이 물었다. "이윤은 요리사로 부름받았다는데 맞습니까?"

맹자가 말했다. "그렇지 않다. 이윤은 신나라에서 농사지었고, 요, 순의 가르침을 받들었다. 뜻에 어긋나거나 가르침에 벗어나면, 천하 재물도 마다하며 멋진 마차조차 거들떠보지 않았다. 뜻에 어긋나고 도에 벗어나면, 한 터럭도 주지 않고 한 터럭도 넘보지 않았다. 탕 임금이 예로써 부르매, 툭툭 털며 말했다. 어찌 탕의 선물을 탐하리오. 어찌 논밭 일구며 요순의 가르침을 즐기는 일에 비하리오. 탕이 세 번 신하를 보내니, 그제서야 뜻을 바꾸어 말했다. '논밭 일구며 요순을 따르는 것을, 어찌 임금을 도와 요순의 업적을 이루는 것에 비하리오. 어찌 요순의 백성 만들기를 마다하리오. 어찌 힘써 이루는 것을 마다하리오. 하늘이 이 백성을 내심은, 먼저 아는 이로 뒷 사람을 일깨우고 먼저 깨우친 이로 뒷 사람을 깨우치게 함이라. 나는 먼저 깨달은 자이다. 이 가르침으로 백성을 일깨우니, 내 아니면 누구겠는가.' 한 사람을 천하백성으로 아껴 요순의 은혜를 받지 못한 이가 있으면, 자기 허물처럼 여기며 스스로 하늘의 명령으로 삼았다. 이런 까닭에 탕을 도와 하나라 백성을 구했다. 일찍이 자기 뜻을 굽혀 사람을 바르게 한다는 말을 들은 적이 없다. 하물며 자기를 더럽혀 천하를 바르게 할 수 있겠는가? 성인의 길은 제각각이다. 오래 걸리기도 하고, 바로 이루기도 한다. 나아갈 때도 있지만, 그렇지 못하면 오직 자신을 깨끗게 할 뿐이다. 탕에게 요순의 도를 펼쳤다는 얘기는 들었어도, 요리 이야기는 듣지 못했다. 『이훈』에서는 말한다.

'하늘의 심판은 하나라 목궁부터 시작됐고, 나는 이곳 박에서부터 사명을 시작했다.'"

9-6 _____

복 있는 사람은 악인의 꾀를 쫓지 아니하며 죄인의 길에 서지 아니하며 오만한 자의 자리에 앉지 아니하고….[시 1,1]

만장이 물었다. "공자가 위나라에서는 옹저 집에 머물고, 제나라에서는 내시 척환 집에 머물렀다 하니, 맞습니까?" 맹자가 말했다. "그렇지 않다. 괜한 이야기일 뿐이다. 위나라에서는 안수유 집에 머물렀다. 미자의 처는 자로의 처와 형제간이니, 미자가 자로에게 말했다. '공자가 내 집에 머물면 위나라 재상이 되도록 힘쓰겠다.' 자로가 이를 전하니, 공자가 말했다. '다 하늘의 뜻이다.' 공자는, 예로써 나아가고 의로움을 따져 물러났다. 뜻을 얻거나 물러남을 하늘의 뜻으로 알았으니, 아무 곳에나 머문다면 어찌 의로움과 하늘의 뜻이겠는가. 공자는 노나라와 위나라에 머물기를 마다했고, 송나라에서는 환퇴에게 죽을 뻔하다가 가까스로 빠져나왔다. 이렇듯 어려움을 겪으매, 주나라 사성정자의 집에 머물렀다. 나라 안의 신하는 그 하는 일로 헤아리고, 다른 나라 신하는 그 묵는 곳으로 헤아린다고 말한다. 만일 옹저나 척환 집에 있었다면, 어찌 공자라 말할 수 있을까?"

만장이 물었다. "백리해가 양털 다섯 벌에 진목공 일꾼이 되었다는데, 맞습니까?" 맹자가 말했다. "그렇지 않다. 괜한 얘기다. 백리해는 우나라 사람이다. 진나라가 보석과 재물로 우나라를 꾀어 괵나라를 치려 했다. 궁지기는 말렸으나 백리해는 말리지 않았다. 우나라 임금을 떠나 먼저 진나라로 갔으니, 나이가 칠십이었다. 참으로 진목공 소를 키우는 것이 부끄러움을 알지 못했다면, 어찌 지혜롭다 하리오. 답답한 왕에게 말하지 않음을 어찌 어리석다 하리오. 우공을 헤아려 미리 떠났으니, 지혜로운 처사이다. 때맞춰 진나라 목공이 인물임을 알고 가서 도왔으니 어찌 어리석을까. 진나라 재상으로서 천하의 주인을 만들고 후세에 이름을 남겼으니, 지혜롭고 능력 있지 않은가. 자기를 굽혀 임금 세우는 것은 동네 한량도 마다하는데, 지혜롭다는 이가 어찌 그리하리오."

만장편에서는 어질고 지혜로운 사람의 눈으로 바라보는 맹자의 역사관이 드러나는데, 이는 구약성서에서 마주치는 예언자들과 너무나도 닮은꼴입니다. 은나라 때 탕왕을 도와 나라를 일으킨 이윤이 그 대표적인 경우입니다. 그런데 이런 주제는 하늘의 뜻을 받드는 천명(天命)이라는 문제 그리고 역사 철학의 관점에서 헤아리게 되는 각 시대의 군주들과 밀접한 관련이 있습니다. 다시 말해서 하늘의 소명을 받은 군주가 있고, 이에 따라 천하 각 나라가 흥망성쇠한다는 이해입니다.

만장에서는 구체적으로 공자의 입을 빌려 '요순은 물려주고 하은주는 이어받으니, 모두 한가지이다.'라는 명제를 내세웁니다. 다시 말해 맹자가 말하는 천명의 세계에서는, 하늘의 뜻을 따르는 것과 백성들이 군주를 선택하는 것이 서로 나누어지지 않습니다. 하늘의 뜻이 바로 백성이 선택하는 바와 맞아 떨어지면서 일어나는 것이 역사의 정한 이치라는 겁니다. 이에 따라 요순의 경우처럼 어진 자에게 물려주기도 하고, 또한 감당할 만하면 마땅한 자식에게 왕위가 돌아가기도 합니다. 이 과정에서 하늘이 뜻하는 바와 백성들이 모이는 것은 자연스레 하나가 됩니다.

요즈음 한국 교회는 부끄러운 모습들이 많이 드러나고 있습니다. 특히 어느 교회이든 담임목사가 은퇴하면서 교회 세습으로 인한 갈등과 반목이 심각하기 그지 없습니다. 그들은 어려운 시절 복음의 소명을 붙잡고 씨름하며 오늘에 이르렀습니다. 오늘날에는 경제성장과 함께 교회도 자리 잡혔고, 그에 따른 영적 권위도 자연스레 따라오게 마련입니다. 그런데 이러한 교회 성장이 자칫 자신만의 영적 능력이라는 착각에 빠지게 되면서, 끝내는 자신의 혈육을 통하여 이를 이어나가려는 지극히 자연스런(?) 욕심이 발동합니다.

물론 서구 사회에서도 이러한 양태가 없는 것은 아닙니다. 로마 천주교에서는, 종교 재산을 사유화(Privatizierung)하려는 경향에 맞서 사제의 결혼을 금지시키는 악수(?)를 두었을 정도이니 말입니다. 그러나 신부의 독신제도(Celibacy)에도 불구하고 이렇듯 혈연 세습을 통한 종교의 사유화 폐습이 암암리에 다른 형태로 이어지는 것을 막지는 못했습니다. 16세기 마틴루터의 종교개혁 이후, 이러한 혈연 세습으로 인한 교회의 사유화 양태는 엄격한 종교적 금지 규례로 자리잡습니다. 그리고 이제는 세습 및 사유화의 문제는 양심의 영역에서 숙제로 남게 됩니다.

그런데 이러한 해묵은 숙제가 오늘날 한국의 교회에서 동양의 가족주의와 함께 엮어지면서 결정적으로 황금기(?)를 맞이하게 된 셈입니다. 감리회를 비롯한 일부 개신교회가 이른바 '세습금지법'을 만들어 이를 막아 보려 했지만, 여전히 뜻이 맞는(?) 가까운 사람들끼리 하나님의 공동체를 사유화하려는 기막힌 일들이 밥먹듯 자연스럽게 꾸며지곤 합니다. 하나님의 세계와 인간의 어리석음을 구분하지 못하고 제멋대로 살아가는 이들의 앞날은 과연 어떻게 될까요?

맹자는 동아시아 사회에서 천명(天命)을 선포하면서, 어떻게 보면 역설적으로 기독교보다 더 엄격하게 하늘의 뜻을 일깨워 줍니다. 지금 우리는 동물의 세계처럼 온통 물고 물리며 뜯고 뜯기는 피비린내 나는 신자유주의 시대를 살아갑니다. 게다가 이단이 좋아라 날뛰는 놀이터가 되어 버린 오늘 한국 교회가 안타깝기 그지없습니다. 이때 맹자 말씀은 벼락처럼 와닿은 말씀이 아닐 수 없습니다. 2천년 전 이스라엘 땅에서처럼, 21세기 오늘날에도 제사장들과 서기관들, 사두개와 바리새파들의 회칠한 무덤은 울긋불긋 요란하기 그지없습니다. 바로 이때 맹자의 선포는 하늘의 준엄한 종말 선언인 셈입니다.

10장

만장 II

그가
하나님과 동행하였으며

노아는 의인이요. 당세에 완전한 자라. 그가 하나님과 동행하였
으며….[창 6,9]

맹자가 말했다. "백이는 추한 모습을 눈여겨 보지 않았고, 추
한 소리 또한 귀담아 듣지 않았다. 임금답지 못하면 섬기지 않았
고, 백성답지 않으면 닦달하지 않았다. 도가 있으면 나아갔고, 어
지러우면 물러났다. 나라가 시끄러운데 나서거나 사람들이 날뛰
는 곳에 거하지 않으며, 마을 패거리들과 어울리면 예복 차림으
로 진흙탕에 있는 것처럼 여겼다. 그래서 주왕이 다스릴 때, 북쪽
바닷가로 물러나 천하가 바로잡히길 기다렸다. 그런 까닭에 백이
의 이야기를 들으면, 우둔한 자들이 깨닫게 되고 나약한 자들도
뜻을 바로 세웠다. 이윤이 말했다. '왕이 그르다 하여 어찌 모른
체 하며 백성이 그르다 하여 어찌 버려 두랴.' 다스려지면 나아가
고, 어지러워도 나아간다. 그러니 말한다. '하늘이 이 백성을 내신
것은 먼저 아는 자가 나중 아는 자를 깨우치고, 먼저 깨달은 자가
나중된 자를 이끌려 함이다. 나는 하늘 뜻에 따라 먼저 깨달은 자

이다. 그러므로 장차 이 도로 백성을 일깨우리라.' 천하 백성을 필부로 여겨 하나라도 요순의 은혜를 입지 못하면 자기 탓으로 여기니, 이는 스스로 중히 여겨 떠맡음이다. 유하혜는 어리석은 왕을 부끄러워하지 않아 사소한 자리도 마다하지 않았고, 나아가되 지혜를 밝게 드러내어 언제나 도를 잃어버리지 않았다. 쫓겨나도 아무 말이 없었고, 어려움을 겪어도 탓하지 않았다. 날뛰는 무리들 가운데에서도 그러려니 하며 지낼 뿐이었다. 너는 네 식대로 하는 것이고, 나는 내 식대로 할 뿐이라 말했다. 웃통 벗어던지고 달려들어도 대수롭지 않게 받아넘겼다. 그런 까닭에 유하혜의 모습에 무지렁이도 너그럽게 되고, 빡빡했던 이도 허허 하고 물러섰다. 공자는 제나라에서 쌀을 씻다 바로 짐 챙겨 떠났고, 노나라에서는 가까스로 발걸음 떼어 모국을 이별하였다. 떠나야 할 때는 속히 떠나고, 오래 머무는 곳에서는 끝이 없었다. 있을 만 하면 머무르고, 섬길 만 하면 섬기는 것이 공자였다."

맹자가 말했다. "백이는 깨끗하기가 이를 데 없었고, 이윤은 책임감이 투철하였다. 유하혜는 사람들과 어우러짐에 비할 바 없었고, 공자는 때를 잘 헤아리니 흠이 없었다. 공자를 가리켜 집대성이라 한다. 집대성은 제사의 종이 울리고 옥으로 화답하는 것을 말한다. 종이 울리는 것은 바른 이치의 시작이요, 옥으로 받는 것은 바른 이치의 마무리이다. 바른 이치의 시작은 지혜로운 일이고, 이치의 마무리는 성인의 일이다. 지혜롭다는 말은 솜씨가 있다는 것이고, 거룩하다는 것은 힘이 있다는 말이다. 백 걸음 먼 곳에 활을 쏘는 것은 힘이 필요하지만, 표적을 맞추는 것은 힘만으로는 어림없다."

10-2 _____

큰 집에는 금과 은의 그릇이 있을 뿐 아니요 나무와 질그릇도 있어 귀히 쓰는 것도 있고 천히 쓰는 것도 있나니….[딤후 2,20]

북궁기가 물었다. "주나라 벼슬과 계급을 압니까?" 맹자가 말했다. "상세한 내용은 모릅니다. 제후들이 찝찝한 내용을 없앴기 때문이지요. 그러나 대충 이렇습니다. 천자, 공, 후, 백 그리고 자와 남은 같은 계급으로 다섯 가지입니다. 또한 제후, 경, 대부, 상사, 중사, 하사의 여섯 계급이 있습니다. 천자의 경계는 사방 천 리이고, 공과 후는 사방 백 리, 백은 칠십 리, 자와 남은 오십 리로 네 가지입니다. 오십 리에 미치지 못하면 천자를 만날 수 없고, 제후밑에 속하니 부용이라 합니다. 천자를 섬기는 경은 제후와 토지가 같고, 대부는 백과 토지가 같으며, 원사와 자와 남 계급은 같은토지를 받습니다. 대국의 경우에는 군주가 경보다 열 배이고, 경은 대부보다 네 배이며, 대부는 상사의 두 배, 상사는 중사의 두 배, 중사는 하사의 두 배, 하사와 서인은 공무원들과 똑같으니 보통 한 사람 몫이 백 묘입니다. 보통 나라의 경우는 사방 칠십 리로서 군주는 경보다 열 배이고 경은 대부보다 세 배이며, 대부는 상사의 두 배, 상사는 중사의 두 배, 중사는 하사의 두 배이고, 하사와 서인들은 공무원들과 같으니, 한 사람 몫이 백 묘입니다. 소국은 사방 오십 리인데, 군주는 경보다 열 배이고, 경은 대부의 두 배, 대부는 상사의 두 배, 상사는 중사의 두 배, 중사는 하사의 두 배, 하사와 서민들은 공무원과 같으니 대략 한 사람 몫이 백 묘입니다. 농사짓는 자는 한 사람 몫이 백 묘입니다. 백 묘 농사를 잘하는 자는 아홉 식구를 거느리고, 그다음은 여덟 식구, 중간은 일곱 식구, 그 다음은 여섯 식구, 마지막으로는 다섯 식구를 거느립니다. 서민이 공무원이 되면 이처럼 봉급에 차이가 있습니다."

10-3 _____

주신 은혜대로 받은 은사가 각각 다르니 혹 예언이면 믿음의 분수대로, 혹 섬기는 일이면 섬기는 일로, 혹 가르치는 자면 가르치는 일로, 혹 권위하는 자면 권위하는 일로, 구제하는 자는 성실함으로, 다스리는 자는 부지런함으로, 긍휼을 베푸는 자는 즐거움으로 할 것이니라.[롬 12,6-8]

만장이 물었다. "어떻게 벗을 사귈까요?" 맹자가 말했다. "나이와 귀천을 따지지 말며, 형님 아우하는 식의 짝짜꿍도 안 된다. 오직 덕으로 맺어져야 한다. 맹헌자는 전차 백승을 거느린 세력가였다. 벗이 다섯인데, 악정구와 목중, 나머지 셋은 가물가물하다. 헌자가 다섯과 벗한 것은 문벌을 따지지 않았기 때문이다. 다섯 사람 또한 집안을 따졌다면 서로 벗하지 못했으리라. 백승의 대부뿐만 아니라 작은 나라 군주도 마찬가지다. 비나라 혜공이 말했다. '나에게는 자사라는 스승이 계시고, 안반 같은 친구도 있으며, 왕순과 장식같이 나를 섬기는 신하도 있다.' 작은 나라 군주뿐만 아니라 큰 나라 군주 또한 마찬가지이다. 진나라 평공과 해당의 얘기가 바로 그렇다. 들어오라면 들어가고, 앉으라 하면 앉았고, 먹으라 하면 먹었다. 비록 거친 밥과 채소라도 거절하지 않았다. 이는 조금이라도 거리끼지 않으려는 것이다. 그러나 끝내 그렇게 끝났을 뿐이다. 하늘 뜻을 따르지 않았고, 하늘의 자리를 맡기지 않았으며, 하늘의 선물을 찾지도 않았다. 선비로서 현자를 만났을 뿐, 임금이 현자를 대우한 것은 아니다. 순은 요 임금을 늘 만났고, 요 임금은 그를 사위 삼으며 또 극진히 대접했다. 이렇듯 서로가 초청하고 대접하니, 이것이 천자가 보통 사람 벗하는 방법이다. 아랫사람으로 윗사람을 대접하는 바를 귀하게 받든다고 말하고, 윗사람으로 아랫사람을 대접하는 것을 가리켜 현자를 받든다고 말한다. 귀하게 받들고, 현자를 받드는 바는 모두 같다." 만장이 물었다. "삼가 교제는 어떠해야 합니까?" 맹자가 말했다. "우러르는 마음이다." 만장이 물었다. "자꾸 성의를 마다하면 공손치 못하다는데, 왜입니까?" 맹자가 말했다. "존귀한 사람이 선물하는데, 꼬치꼬치 따진다면 공손치 않다는 말이다. 그런 까닭에 물리치지 않는다." 만장이 말했다. "겉으로 사양하지 않고, 마음에 따져 불의하면 거절해도 되겠지요?" 맹자가 말했다. "도에 어긋나지 않는다면, 예로써 받아들인다. 공자도 그랬다." 만장이 말했다. "만일 성문 밖에 강도가 있는데, 도에 맞게 인사하고 예를 갖춰 선물하면 받아들입니까?" 맹자가 말했다. "안 된다. 『서경』은 말한다. '함부로 죽여 재물을 취하고 거리낌없이 살인을 저지른다면 마땅히 죽인다.' 형장에 보낼 필요도 없이 처형하는 것은 하은주 때부터 오늘날까지 당연하다. 어찌 그런 경우를 받겠는가?" 만장이 말했다. "오늘날 제후들이 백성을 쥐어짜니 마치 강도 같습니다. 그런데 예에 걸맞다 해서, 군자가 받아들입니까?" 맹자가 말했다. "만일 왕이 뜻을 펼 때, 제후를 살펴 벌하겠는가, 아니면 제대로 가르친 다음에 벌하겠는가? 마구 도적으로 몰면 의가 지나친 것이다. 공자가 노나라에서 벼슬할 때, 노나라 사람들이 사냥놀이를 하니 공자도 따라나섰다. 사냥놀이도 그럴진대, 예에 따르는 것 아닌가?" 만장이 말했다. "그렇다면 공자의 벼슬은 도에 어긋납니까?" 맹자가 말했다. "도에 맞다." 만장이 말했다. "그러면 어찌 사냥놀이를 합니까?" 맹자가 말했다. "공자는 먼저 규정대로 제사를 바로잡았다. 사방에서 오는 공물을 다투지 않고, 규정대로 제사했다." 만장이 말했다. "어찌 떠나지 않았나요?" 맹자가 말했다. "때를 헤아려 조짐을 기다렸고, 이루어지지 않으니 그제서야 떠났다. 그런 까닭에 삼년을 넘겨 미적거린 적은 없었다. 공자는 견행가의 벼슬을 따랐고, 교제하는 법에 따라 나라를 섬겼으며, 공양하는 법에 따라 나라 일을 맡았다. 계환자에게는 견행가의 벼슬이었고, 위령공에게서는 교제로서의 벼슬이었고, 효령공에게는 공양의 벼슬이었다."

10-4 _____

나의 보는 것은 사람과 같지 아니하니 사람은 외모를 보거니와 나 여호와는 중심을 보느니라.[삼상 16,7]

맹자가 말했다. "가난 때문에 벼슬하지 않지만, 때로 그런 경우도 있다. 집안을 돌보려고 장가 드는 것은 아니로되, 때로 그런 경우도 있다. 가난을 면하려면, 높은 직책보다는 실무자가 맞고 재물보다는 생활비에 만족해야 한다. 실무자 그리고 생활비라는 것은 대략 문지기나 관졸 정도이다. 공자가 일찍이 창고를 맡았을 때 말했다. '그저 회계를 잘 할 뿐이다.' 목축을 맡으니 말했다.

'그저 소와 양이 무럭무럭 자라게 할 뿐이다.' 자리에 맞지 않게 큰소리 치는 것은 잘못이다. 조정에서 도를 바로 잡지 않으면 부끄러운 일이다." 만장이 말했다. "선비가 제후에게 눌러 붙지 않는다는 말은 무엇입니까?" 맹자가 말했다. "무턱대고 나서지 않는 것이다. 제후가 나라를 잃고 망명하는 것은 당연하다. 거기에 선비가 달라붙으면 예가 아니다." 만장이 말했다. "왕이 곡식을 보내면 받습니까?" 맹자가 말했다. "받는다." 만장이 말했다. "왜 받습니까?" 맹자가 말했다. "어려운 이를 돌보는 것이다." 만장이 말했다. "돌봐주면 받아들이고, 선물로 주면 받지 않는 것은 왜입니까?" 맹자가 말했다. "함부로 나대지 않는 것이다." "감히 묻건대 왜 함부로 하지 않습니까?" 맹자가 말했다. "문지기와 관졸은 자기 임무가 있으니 받는다. 임무도 없이 받는 것은 옳지 않다." 만장이 말했다. "왕이 보살피면 받는다 하니, 계속 받아야 할까요?" 맹자가 말했다. "목공이 자사를 대접하는데 열심이었다. 자주 고기를 보냈는데, 자사는 달갑지 않았다. 그래서 대문 밖에서 절하고 돌려보내며 말했다. '이제 임금님이 가축 기르시는 것을 알았습니다.' 그러자 사환이 고기를 가져오지 않았다. 현자라고 추켜세우지만 기용하지 않고 대우하지도 않으니, 과연 현자로 여기는 것일까?" 만장이 물었다. "그러면 군자를 어떻게 대우하나요?" 맹자가 말했다. "왕이 명령 내리면 절하고 머리를 조아려 받는다. 그 후에 창고지기는 곡식을 때맞춰 보내고, 푸줏간에서는 고기를 때맞춰 보낸다. 왕이 명령도 없이 고기만 보낸다면, 뻔질나게 절해야 하니 어찌 현자를 대접하는 것일까? 요 임금이 순을 만나매, 아홉 아들로 섬기고 두 딸을 보냈다. 모든 신하와 목축과 창고를 맡기니, 순의 농사를 도왔다. 이후 모두 다스리게 하니, 그런 까닭에 현자를 극진히 여긴다 하였다."

10-5 _____

너희는 여호와를 만날 만한 때에 찾으라. 가까이 계실 때에 그를 부르라.[사 55,6]

만장이 물었다. "삼가 제후를 찾지 않는 뜻은 무엇입니까?" 맹자가 말했다. "나라 일을 맡으면 드러난 신하이고, 시골로 돌아가면 숨은 신하이다. 모두 일반 서민이다. 서민이 스스로 신하가 되겠다고 나서지는 않는다. 삼가 제후를 찾아가지 않는 것이 맞다." 만장이 말했다. "서민은 맡은 바가 있으면 곧 나아가 일을 감당합니다. 왕이 부르는데 나아가지 않으니 어인 일입니까?" 맹자가 말했다. "맡은 바 일을 감당하는 것은 마땅하다. 왕을 만나는 것은 다른 문제이다. 왕이 왜 부를까?" 만장이 말했다. "소문이 자자하니 현자를 부르지요." 맹자가 말했다. "천자는 스승을 함부로 부르지 않는다. 하물며 제후가 어찌 그리하는가? 옛부터, 현자를 보고 싶어 부르는 경우는 없다. 목공이 자사와 가까웠는데 이렇게 말했다. '옛적 대국의 왕이 선비를 친구로 삼았다는데, 어떻게 생각하시오?' 자사가 심드렁하게 말했다. 사람들은 말하지요. '말이 그렇지, 어찌 친구가 될꼬?' 자사가 심드렁한 것은 다 까닭이 있다. 계급으로 따져 왕이고 신하인데, 어찌 왕과 벗하겠는가. 덕으로 따져 스승과 제자이니 어찌 벗이겠는가. 대국의 제후도 벗을 구하되 얻지 못하는데, 하물며 오라 가라 하겠는가. 제경공이 들에서 깃발을 들어 관리를 불렀으나 오지 않아 처형하려고 했다. 뜻이 분명하면 구덩이에 빠져도 흔들리지 않으니, 용사는 어려움에 처해도 흔들리지 않는다. 공자가 어찌 함부로 움직이겠나? 마땅한 바가 아니면 움직이지 않는다." 만장이 말했다. "삼가 묻습니다. 우인을 부를 때 어찌합니까?" 맹자가 말했다. "피관으로 부른다. 서민들은 전으로 부르고, 선비는 기로써 부르고, 대부는 정으로써 부른다. 대부 부르는 방식으로 관리를 부르니, 죽기를 무릅쓰고 가지 않았다. 선비 부르는 방식으로 서민을 오라 하면, 서민이 어찌 움직이겠는가? 하물며 개똥이 부르는 방식으로 현자를 부르면 어찌되겠나? 현자를 찾을 때 도에 어긋나면, 들어오라 하면서도 문을 잠그는 꼴이다. 대저 의(義)라는 것은 길이고, 예(禮)라는 것은 문과 같다. 군자라면 마땅히 이 길을 걷고 이 문으로 드나드는 법이다. 『시경』은 노래한다. '넓은 길은 탄탄하니, 똑바르고 곧은 길이다. 군자는 떳떳하게 걷지만, 소인은 이리저리 눈치만 살핀다.'" 만장이 말했다. "공자는 왕이 부르면 가마 맬 틈도 없이 달려갔다 합니다. 그러면 공자가 잘못했나요?" 맹자가 말했다. "공자는 벼슬을 맡았으니 부리나케 나선 것이다."

맹자가 만장에게 일렀다. "마을의 훌륭한 선비가 마을의 어진 선비와 벗하며, 나라의 훌륭한 선비가 나라의 어진 선비를 벗하고, 천하의 훌륭한 선비가 천하의 어진 선비를 벗하는 법이다. 천하의 어진 선비를 벗하다가도 모자르면, 옛 사람을 깊이 벗할 수 있다. 시를 읊고 책을 읽으면, 그 사람을 헤아릴 수 있다. 그러므로 그 시대를 헤아리면 이 또한 깊이 벗하는 것이다."

제선왕이 경(卿)에 관해 물었다. 맹자가 말했다. "임금님은 어떤 경을 말하시나요?" 왕이 말했다. "종류가 많습니까?" 맹자가 말했다. "각각 다릅니다. 친족으로서 경이 있고, 성이 다른 경이 있습니다." 왕이 말했다. "친족으로서 경이란 무엇입니까?" 맹자가 말했다. "임금이 크게 잘못했을 때 일깨우고, 거듭 고치지 않으면 쫓아냅니다." 왕이 깜짝 놀라 안색이 바뀌었다. 맹자가 말했다. "놀라지 마세요. 물으시니 솔직히 말씀드린 겁니다." 왕이 가다듬고 다시 성이 다른 경에 대해 물었다. 맹자가 말했다. "임금이 허물이 있으면 일깨우되, 거듭해서 듣지 않으면 떠나는 신하입니다."

만장 상편에서는 천명과 관련한 역사적 사명을 감당하는 군주와 그를 돕는 인물들을 다룹니다. 그런데 이윤 같은 인물 이야기는 만장 하편에서 똑같은 내용으로 되풀이됩니다. 다만 여기서는 천하를 다스리는 군주의 차원이 아닙니다. 즉 군주가 아닌 성인으로서의 역할을 각각의 고유한 특징을 묘사하는 형태로 다시 설명합니다.

고대사회에서 전제군주의 세습 사례는 극히 제한적인데다가 정치적인 해석이 뒤따르게 마련입니다. 그런 까닭에 더 깊이 다룰 여지가 없을 겁니다. 그러나 성인으로서의 길은, 누구에게나 또 어떤 형태로든지 열려 있는 세계입니다. 그리고 맹자를 구성하는 철학사상의 틀 안에서 여러 가지 경우를 사례별로 하나씩 다루어 나가는 것이지요. 이러한 지평에서 섬김과 교제, 진리의 세계는 다양한 모습으로 펼쳐집니다. 먼저 백이의 사례는 진리의 세계와 현실의 세계가 뚜렷이 대비되기에 분명한 경계선이 있는 해석학입니다. 그런데 이윤의 경우는 진리의 세계와 현실의 세계가 뒤섞이고 얽혀 있습니다. 이는 진리 문제를 다룰 때, 인간학에 대한 심원한 고찰이 반영되었기 때문입니다. 이 때문에 성서에서 자주 언급되는 예언자의 소명 의식이라든지 메시야로서의 자의식(Bewubtsein)과 비슷한 형태를 만날 수 있기도 합니다.

유하혜의 경우는 더욱 흥미롭습니다. 이는 매우 특이한 형태로 동아시아 사회의 특징인 해석학적 유연성을 보여줍니다. 즉 양자택일도 아니고, 그렇다고 해서 제3의 길을 바라보는 것도 아닙니다. 이것도 일리가 있으니 끄덕이고, 저것도 일리가 있어 마다하지 않습니다. 일종의 '해석학적 판단중지'(epoche)인 셈인데, 우리 말로 한다면, '그러려니 해석학'쯤으로 풀어내면 그런대로 가까울 듯합니다. 이처럼 만장 하편에서 펼쳐지는 진리와 인간 이해는, 굳어져 있는 딱딱한 고체가 아니라 말랑말랑하고 변화무쌍합니다. 이는 동아시아 해석학의 특징을 잘 보여주고 있습니다. 이러한 바탕 위에서 천명과 군주와 진리의 세계는, 모두가 바람처럼 이리저리 오고가면서 거대한 인류의 역사를 풀어나갑니다. 마치 도도하게 흐르는 검푸른 물굽이처럼 바위에 부딪혀 거대한 물거품을 품어내기도 하고, 깊은 심연으로 숨어들어 그 물방울을 감추기도 합니다. 성서에 나타난 예언자들의 모습도 이와 비슷합니다. 뽕나무를 치다가 불현듯 일어나 낯선 임금 앞에 나아가 쩌렁쩌렁 소리를 토해내는가 하면, 아들과 딸을 낳아서 이름을 지으며 나라의 앞날을 예언하기도 하고, 사랑하는 아내의 죽음 앞에서도 처연하게 숨겨진 하늘의 비밀을 풀어내기도 합니다. 그런데 놀랍게도 그들의 예언은 하늘에서 늘어뜨린 사닥다리를 닮았습니다. 그리고 이른바 천기를 누설하는 이 비밀스런 사닥다리를 통해 온통 세상을 바꾸어 놓은 구름이 버섯처럼 뭉게뭉게 피어오릅니다.

11장

하나님의 형상대로
사람을 창조하시되

11-1 _____

하나님이 자기 형상 곧 하나님의 형상대로 사람을 창조하시되 남
자와 여자를 창조하시고….[창 1,27]

고자가 말했다. "본성은 마치 버드나무와 같고, 의(義)는 코뚜
레나 술잔과 같다. 인간의 본성이 인과 의라고 얘기하는 것은 마
치 버드나무가 코뚜레와 술잔이라는 억지이다." 맹자가 말했다.
"선생은 버드나무 그대로 코뚜레를 만드는가? 버드나무를 손보
아 코뚜레를 만드는 것이다. 버드나무를 다듬어 코뚜레와 술잔을
만드는 것처럼 사람의 본성을 다듬은 것이 인의(仁義)인가? 이것
이 천하에 재앙이 되었단 말은 당신 생각일 뿐이다."

고자가 말했다. "본성은 물과 같다. 동쪽을 열면 동으로 흐르
고, 서쪽을 열면 서쪽으로 흐른다. 본성은 선과 불선의 구분이 없
으니, 물이 동서가 없는 것과 마찬가지다." 맹자가 말했다. "동서
구분이 없지만, 그렇다고 위 아래 구분도 없을까. 본성은 선하니
물이 아래로 흐름 같다. 불선(不善)한 것이 없으니 물이 아래로 흐
름과 마찬가지다. 물을 퉁겨 머리에 뿌리고, 거슬러 산으로 퍼올

리지만, 어찌 물의 본성일까. 불선한 바 있지만, 본성 또한 마찬가지이다."

고자가 말했다. "생(生)이란 말은 성(性)이란 뜻이다." 맹자가 말했다. "생이란 말이 성이라면, 하얀 것을 보고 희다고 말하는 것인가?" 고자가 말했다. "맞다." 맹자가 말했다. "흰 깃털이 하얗다는 것은 흰 눈이 하얗다는 것이고, 흰 눈이 하얗다는 것은 흰 보석이 하얗다는 것인가?" 고자가 말했다. "맞다." 맹자가 말했다. "그러면 개의 본성은 소의 본성과 같고, 소의 본성은 사람의 본성과 마찬가지다."

11-2 _____

네 마음을 다하며 목숨을 다하며 힘을 다하며 뜻을 다하여 주 너의 하나님을 사랑하고 또한 네 이웃을 네 몸과 같이 사랑하라 하였나이다.[눅 10,27]

고자가 말했다. "먹는 것과 개성은 본성이다. 인(仁)은 내면을 말하니 드러나지 않는다. 의(義)는 드러나니 내면이 아니다." 맹자가 말했다. "어찌 인과 의를 내, 외면으로 나누는가?" 고자가 말했다. "자네와 내가 나이를 먹었네. 나이를 더 많이 먹을 수는 없네. 자네나 나 역시 머리가 희어지네. 흰 머리가 보이니 드러난다고 말하네." 맹자가 말했다. "백마의 흰색이 나름대로 다르니, 백인의 흰색이 서로 다름과 차이가 없다. 알 수 없으니, 늙은 말이 나이 먹은 것과 나이 든 사람의 나이가 다를 바 없는가? 그러면 나이가 의라는 말인가, 나이 먹는 것이 의라는 말인가?"

고자가 말했다. "형제는 사랑하게 마련이다. 진나라 사람은 그렇게 사랑하지 않는다. 이는 마음속이니 내면적이라 말한다. 초나라 사람처럼 나 또한 나이를 먹는다. 이는 나이 때문에 그런 것이니 외면적이라 말한다." 맹자가 말했다. "진나라 사람이 불고기 좋아하니 내 불고기 좋아하는 것과 차이가 없다. 무릇 만사가 이와 같으니 그렇다면 불고기 좋아하는 것이 외면적인가?"

맹계자가 공도자에게 물었다. "의(義)라는 것이 어찌 내면적인가요?" 공도자가 말했다. "우러르는 마음이 있으니 내면적이지요." 맹계자가 말했다. "동네 어른이 형님보다 한 살 많다면 누굴 공경하겠소?" 공도자가 말했다. "형님을 공경하오." 맹계자가 말했다. "술잔은 누구를 먼저 대접하겠소?" 공도자가 말했다. "동네 어른이지요." 맹계자가 말했다. "우러르는 것은 형님인데, 대접하는 것은 어른 먼저입니다. 결과적으로는 외면적이고 내면적은 아니라는 말입니다." 공도자가 대답을 못해 맹자를 찾아가니, 이에 맹자가 말했다. "숙부를 공경하는가, 동생을 공경하는가 물으면 숙부라 할 테고, 동생이 왕을 모시면 누굴 공경하는가 물으면 동생이라 할 것이다. 그러면 숙부를 공경하지 않는가 물으면 왕을 모시기 때문이라 할 것이다. 그러면 말하라. 마찬가지다. 형님을 공경하지만, 따라야 할 바가 있으니 동네 어른을 공경하는 것이다." 계자가 이를 듣고 말했다. "숙부를 우러르니 공경하는 것이고, 동생을 우러러 공경하는 바가 드러나니 내면적인 것이 아니다." 공도자가 말했다. "겨울에는 뜨거운 국을 먹고, 여름에는 시원한 물을 마신다. 그러니 음식 또한 외면적인가?"

11-3 _____

나는 여호와 너희 하나님이라 내가 거룩하니 너희도 몸을 구별하여 거룩하게 하고….[레 11,44]

공도자가 말했다. "고자에 따르면 성(性)에는 선, 불선(不善)이 없다고 합니다. 어떤 이는 말하지요. '성이란 선해질 수도 있고, 포악해질 수도 있다. 그런 까닭에 문왕과 무왕이 일어나니 백성들은 선해지고, 유왕과 여왕이 일어나니 백성들이 난폭해졌다.' 어떤 이는 말하지요. '선한 본성도 있고, 포악한 본성도 있다. 그런 까닭에 요 임금 때에도 못된 상이 있었고, 고수를 아비로 둔 순 임금이 있다. 조카 주왕을 섬기는 미자계와 왕자 비간이 있다.' 그런데 지금 본성이 선하다하면, 저들이 모두 틀렸나요?" 맹자가 말했다. "내 말은, 그 정(情)이 선하다는 말이다. 불선하더라도, 그 바탕은 악하지 않다는 말이다. 측은지심(惻隱之心)은 모두 한결같으며, 수오지심(羞惡之心)도 모두 한결같다. 공경지심(恭敬之心)도 한결같으며 시비지심(是非之心)도 마찬가지다. 측은지심은 인의 세계이고, 수오지심은 의의 세계이다. 공경지심은 예의 세계이고, 시비지심은 지혜를 말한다. 인의예지란 밖에서 닦달하는 것이 아니다. 내 안에 뿌리박은 것이라 짜낼 필요가 없다. 그러므로 바라면 이룰 수 있고, 멀리하면 사라진다고 말한다. 어떤 경우는 두 배가 되고, 혹 다섯 배 또는 한없이 불어나니, 그 바탕이 끝없기 때문이다. 『시경』은 말한다. '하늘이 백성을 내시니, 만물이 바로 서고 백성은 따르니 평안하여 아름다운 덕을 누리도다.' 공자가 말했다. '이 시인은 도를 깨달았구나. 만물에 또한 질서가 잡히고 백성은 이를 지켜 평안하다. 그런 까닭에 아름다운 덕을 누리도다.'"

11-4 _____

너희 안에 이 마음을 품으라 곧 그리스도 예수의 마음이니.[빌 2,5]

맹자가 말했다. "풍년에는 젊은이들이 늘어지기 일쑤이고, 흉
년에는 젊은이들이 난폭해진다. 하늘이 그렇게 낸 것이 아니라,
마음이 휩쓸리기 때문이다. 보리를 파종하면, 무럭무럭 자라다
가 때가 이르면 모두 결실한다. 서로 같지 않으니, 땅이 제각각이
요, 비와 이슬 그리고 손길이 다르기 때문이다. 그러므로 같은 모
습은 서로 비슷함을 말한다. 어찌 사람의 경우라고 다를까. 성인
과 나는 다를 바 없다. 그런 까닭에 용자는 말한다. '발을 보지 않
고 짚신을 만들지만, 썩은 지푸라기는 아니다.' 신발이 서로 엇비
슷하니, 천하의 발이 다르지 않기 때문이다. 입맛이란 대개 비슷
한 것이니, 역아는 먼저 그 맛을 헤아린 것이다. 만일 맛을 볼 때
사람의 본성이 마치 개와 말처럼 다르다면, 세상이 어떻게 역아
를 따라 헤아리겠는가. 맛을 헤아림에 천하가 역아를 따르니, 이
는 천하 입맛이 엇비슷하기 때문이다.

듣는 바도 마찬가지니, 소리를 헤아림에 천하가 다 사광을 따
르게 마련이다. 이는 천하의 듣는 바가 엇비슷하기 때문이다. 보
는 것도 마찬가지로, 자도의 경우 천하가 그 아름다움을 인정하
는 바이다. 자도의 아름다움을 모른다면, 눈 먼 장님이다. 그러
므로 입맛을 따짐에 누구나 엇비슷하고, 귀로 듣는 것도 엇비슷
하며, 눈길을 끄는 아름다움도 큰 차이가 없다. 마음을 따져 보아
도 크게 다를 바 없다. 마음에 같은 바가 있음은 무얼까? 이치이
고 의리이다. 성인이란 우리 마음의 같은 바를 앞서 헤아린 것일

뿐이다. 그런 까닭에 이치와 의리가 내 마음에 기꺼운 바는, 마치 내 입에 가축이 기꺼운 바와 마찬가지이다."

11-5 _____

우리가 선을 행하되 낙심하지 말지니 피곤하지 아니하면 때가 이르매 거두리라.[갈 6,9]

맹자가 말했다. "우산의 나무는 원래 **빽빽**했다. 큰 성읍 옆이니, 도끼로 마구 자르는 통에 어찌 남아날까? 밤이 되어 잦아들고, 비와 이슬 때문에 가까스로 싹이 자랐다. 그런데 소와 양이 짓밟으니, 끝내 헐벗게 되었다. 사람이 팍팍해 보이나 어찌 바탕이 그러하리오. 산이 본디 그랬겠는가? 사람 또한 어찌 인의의 마음이 없다하리오. 양심을 잃었으니, 마치 도끼로 나무를 찍음과 같다. 온종일 나무를 찍어대니 어찌 배겨나겠는가. 밤이 되어 잦아드니 비로소 기운 차리건만, 기운이 예전 같지 않다. 다시 낮이 되어 같은 일이 되풀이되니, 끝내 저녁 기운이 바닥난다. 저녁기운이 모자라니, 짐승과 다를 바 없다. 사람들이 짐승처럼 여기며 바탕이 없다 말한다. 어찌 사람의 마음이겠는가? 그런 까닭에 참으로 마음을 열면 만물이 살아나지 않을 리 없고, 참으로 마음을 닿으면 만물이 사그라들지 않을 바 없다. 공자는 말한다. '다독거리면 살아나고 저버리면 사그라드니, 함부로 나대며 본 뜻을 헤아리지 못함은 바로 마음 때문이다.'"

　맹자가 말했다. "왕이 어리석다 탓할 것 없다. 세상 만물이 절로 자라건만, 하루만 반짝하고 열흘 깜깜 무소식이면 싹수가 노랗게 마련이다. 나 또한 잠깐 얼굴 비쳤다가 물러나면 그만이니, 내가 싹을 틔워 본들 뾰족한 수가 있겠는가. 바둑을 생각해 보라. 모름지기 온 마음을 쏟아야 비로소 싸울 수 있다. 뛰어난 바둑 선생이 있어도, 하나는 전심전력 가르침을 듣고 다른 이는 한 귀로 흘려 들으며 대박을 바라고 정신이 팔려 있다 비록 같이 배우나, 결과는 하늘과 땅 차이다. 지혜가 서로 같지 않다고 하겠는가? 그럴 수는 없다."

11-6 _____

자기를 낮추시고 죽기까지 복종하셨으니 곧 십자가에 죽으심이라.[빌 2,8]

　맹자가 말했다. "생선요리도 좋고, 곰발바닥(熊掌)도 먹고 싶다. 두 가지를 할 수 없다면, 물고기를 포기하고 웅장을 택할 것이다.

살고 싶은 것도 본심이고, 의로운 것도 원하는 바이다. 두 가지를 할 수 없다면, 사는 것을 포기하고 의를 택한다. 산다는 것 또한 내가 바라는 바이나, 사는 것보다 더 중요한 바가 있다면 구태여 살려 하지 않는다. 죽음은 내가 꺼리는 바이나, 더 꺼리는 바 있다면 죽음을 피하지 않는다. 만일 사는 게 우선이라면 살기 위해 물불 가리지 않고, 죽기를 가장 꺼린다면 죽지 않으려고 별짓 다한다. 그런 까닭에 살아도 별 볼 일 없는 셈이고, 그런 까닭에 죽음을 면해도 별 쓸모가 없다. 이런 까닭에 사는 것보다 더 중한 것이 있고, 죽는 것보다 더 꺼리는 것이 있다. 현자뿐만 아니라 모두가 마찬가지다. 다만 현자는 이를 끝까지 잃지 않을 뿐이다. 한 그릇 밥과 한 그릇 국을 먹으면 살게 되고, 먹지 않으면 죽는다.

다그치면 지나는 사람도 외면하고, 달라 붙으면 거지도 이를 꺼리는 법이다. 엄청난 곡식도 헤아리지 않고 덥썩 받으면, 그 많은 곡식이 무슨 소용일까. 대궐처럼 으리으리하거나, 처첩이 떠받들게 하거나, 어려운 이웃이 나만 쳐다보길 바라는가? 동네에서는 죽는 한이 있어도 받지 않다가, 이제는 궁궐처럼 으리으리하게 살려는가? 동네에서는 죽어도 받지 않다가, 이제 처첩이 줄줄이 떠받들게 하려는 것인가? 동네에서는 죽어도 받지 않다가, 이제 어려운 이들이 나를 칭송하게 만들려는 것인가? 이 또한 어쩔 수 없는가? 그러니 본디 마음을 잃지 말라는 것이다." 맹자가 말했다. "어질다는 것은 사람의 마음이요. 의롭다는 것은 사람이

행할 길이다. 길을 잃었는데 찾지 않으며, 마음을 잃었는데 다잡
지 못하니 안타깝구나. 닭이나 개를 잃으면 찾으려 야단인데, 마
음을 잃고서는 찾으려하지 않는다. 배움의 길은 한결같으니, 잃
어버린 마음을 찾을 뿐이다."

11-7 _____

만일 네 눈이 너를 범죄케 하거든 빼어버리라. 한 눈으로 하나님
나라에 들어가는 것이 두 눈을 가지고 지옥에 던지우는 것보다
나으리라.[막 9,47]

맹자가 말했다. "무명지 손가락이 굽어도 아프거나 불편함이
없다. 그래도 이를 고치려 진, 초나라까지 마다않고 달려가니, 손
가락이 남과 다르기 때문이다. 손가락이 이상해도 야단법석인
데, 마음이 사람답지 못함을 탓하지 않으니 이는 개념이 없는 것
이다." 맹자가 말했다. "나무를 키우려면, 모름지기 가꾸는 법을
알아야 한다. 우리 몸을 살피건대, 가꾸는 법을 알지 못하니 어찌
몸을 나무보다 못하게 여기는가. 어리석음이 심하다."
맹자가 말했다. "몸뚱아리는 한결같이 아낀다. 아끼니 알뜰살
뜰 보살피게 마련이다. 한 구석이라도 아끼지 않음이 없으니, 아

끼지 않는다면 보살피지도 않을 것이다. 잘하고 못하고를 따지는 것이 어찌 다름이 있겠는가. 자신에게 맞는 것을 구할 뿐이라. 몸에 중요하고 덜한 것이 있으니, 작은 것으로 큰 것을 해칠 수 없고 덜한 것으로 중요한 것을 해칠 수 없다. 작은 것에 매달리는 자는 소인이고, 큰 것을 바라보는 자는 대인이다. 이제 가꾸는 이가 오동과 가래나무를 없애고 대추, 가시나무를 심으면 엉터리가 아닌가. 손가락만 쳐다보다가 어깨와 뼈대가 상하는 것을 알지 못하면, 이는 엉터리 의사이다. 먹는 것에만 골몰하면 사람이 천박해진다. 작은 것에만 얽매여 큰 것을 잃기 때문이다. 먹는 것에만 골몰하면, 잃어버릴 것도 없다. 입과 배부른 것만 생각하니, 어찌 몸뚱아리를 돌보겠는가?"

공도자가 물었다. "무릇 사람이 똑같은데, 어떤 이는 크게 되고 어떤 이는 소인이니 어찌 그런가요?" 맹자가 말했다. "큰 흐름을 따르면 대인이 되고, 작은 것에 얽매이면 소인이 된다." 공도자가 말했다. "같은 사람인데, 어떤 이는 큰 흐름을 따르고 어떤 이는 작은 것에 매달립니까?" 맹자가 말했다. "눈과 귀가 휩쓸리면 사물에 사로잡힌다. 사물에 얽매이면, 흐름에 끌려가게 마련이다. 마음에 뜻한 바가 있으면 얻게 되고, 아무 생각이 없으면 얻는 것도 없다. 이것은 하늘이 내리는 것인데, 먼저 큰 사람에게 주어지니 소인은 어쩔 수 없다. 그렇기 때문에 대인이 되는 것이다."

11-8 _____

너희 각 사람이 동일한 부지런을 나타내어 끝까지 소망의 풍성
함에 이르러 게으르지 아니하고 믿음과 오래 참음으로 말미암아
약속들을 기업으로 받는 자들을 본받는 자 되게 하려는 것이니
라.[히 6,11-12]

맹자가 말했다. "하늘이 내리는 바가 있고, 사람이 주는 것이
있다. 인의와 충신(忠信)과 선을 즐기는 것과 소명은 하늘이 내리
고, 공경대부 벼슬은 사람이 준다. 옛날에는 하늘이 내리면 사람
들이 자연스레 이에 따랐다. 오늘날에는 하늘이 내리심에 있어
은근히 사람의 손을 바란다. 이미 사람들끼리 짝자꿍하여 하늘
뜻을 저버리니, 이러쿵저러쿵 시끄럽게 마련이다. 따라서 끝내는
스러지고 말 뿐이다."

맹자가 말했다. "귀한 사람이 되고픈 마음은 누구나 똑같다. 사
람마다 스스로 귀한 바 있거니와, 이를 깨닫지 못할 뿐이다. 사람
이 귀하다는 말은 타고난 고귀함이 아니다. 조맹은 높은 지위에
있었지만, 스스로 이를 부끄럽게 만들었다. 『시경』은 노래한다.
'술로 흥이 넘치기도 하고, 덕으로 그윽하기도 하다.' 이 말은 인
의(仁義)가 가득하다는 말이다. 그런 까닭에 맛난 고기와 음식에
연연하지 않는다. 세상에 칭송과 찬사가 가득하지만, 달콤한 입

발림에 연연하지 않는다."

　맹자가 말했다. "인(仁)이 불인을 물리침은, 마치 물이 불을 끄는 것과 같다. 지금 인을 따르는 자는 마치 한 잔 물로써 한 수레 가득한 불을 끄려는 것과 마찬가지다. 꺼지지 않으니 물이 소용없다고 말한다. 이는 또한 불인함이 뿌리깊은 까닭이니, 끝내 스러지고 말 뿐이다." 맹자가 말했다. "오곡은 열매 중에서 으뜸이나, 잘 익지 않으면 이파리보다 못하다. 무릇 인이라는 것도 잘 익어야만 한다." 맹자가 말했다. "예가 활쏘는 법을 가르칠 때, 충분히 당기는 것을 일러주었다. 배우는 사람 또한 충분히 당기는 것을 잊지 말아야 한다. 뛰어난 목수는 가늠자로 사람을 가르친다. 배우는 사람 또한 반드시 가늠자가 필요하다."

　『맹자』를 읽으면서 가장 가슴이 두근거리는 부분은 바로 고자와의 논쟁이 담겨 있는 고자 상·하편입니다. 왜냐하면 마치 성서 창세기의 한 단락을 그대로 펼쳐 놓은 듯한 느낌을 받으니까요. 창세기에서 증언하는 바는 뚜렷합니다. 우리 인간이 바로 '하나님의 형상(Imago Dei)'을 지니고 있다고 선포하는 것입니다(창 1,26). 이처럼 하나님의 형상과 모습대로 창조되었다는 인간 이해

는 고대 근동 사회에서 가장 놀라운 신학적 선언입니다. 물론 훗
날 사람들끼리 '존재유비(analogia entis)', '신앙유비(analogia fidei)'
운운하며 투닥거리는 논란은 항상 뒤따르게 마련이지만 말입니
다. 그런데 창세기 본문을 좀 더 자세히 들여다보면 인간의 본성
에 대한 또 다른 이해가 등장합니다. 앞서 1장보다 더 오래된 자
료로 알려진 J 문서라는 창조기사에는, 이른바 선악과(善惡果) 이
야기를 통해 인간의 죽음을 선포하기 때문입니다(2,17). 여기에서
는 선악과 이야기를 통해 앞서와는 또 다른 인간 이해를 선포합니
다. 인간의 한계와 하나님의 세계를 구분하기 때문입니다. 여기
맹자가 고자와의 논쟁을 통하여 인간의 본성을 다루는 부분에서
도 마찬가지 모습이 드러납니다. 고자편 본문을 가지고, 우리가
흔히 들어 오던 성선설이나 성악설의 이론적 근거를 찾으려는 것
은 그리 바람직하지 않은 듯합니다. 본문의 내용에서도 드러나듯
이, 맹자나 고자가 말하는 바가 오늘날 우리가 생각하듯 존재론
적인 성선설이나 성악설을 따지려는 것이 아니기 때문입니다.

  고자편에서는, 성서의 창조론에서 드러나는 것처럼 인간의 본
성이 하나님의 모습과 닮아 있다는 오롯한 선언이 한편에 담겨
있습니다. 즉 인간이 하나님의 형상을 닮았다는 흐름과 맥을 같
이하는 맹자의 인간 이해가 한쪽에 자리잡고 있으니까 말입니다.
또한 동시에 일정하게 인간의 현실적인 한계를 인정하면서 선악
이나 미추(美醜) 등의 문제를 본성의 차원에서 같이 다루려는 고

자의 주장도 나타납니다. 그러므로, 선의 세계뿐만 아니라 불선(不善), 즉 죽음 또는 파괴적으로 묘사되는 성서의 선악과 설화와 같은 다양한 인간 이해를 보여줍니다.

따라서 맹자와 고자와의 본성 논쟁을 읽어 나가다 보면, 마치 창세기에서 나타나듯이 인간 이해의 이중적인 긴장관계와 씨름하는 닮은꼴을 만나게 됩니다. 예를 들면 이렇습니다. 성서의 창조설화에 나타난 1장 제사장 문서(P 문서)에서 사람이 하나님의 모습을 닮았다는 선포의 정신은 맹자와 걸음을 나란히 하는 셈입니다. 그리고 2, 3장의 J 문서에서 선악과 이야기를 다루며 이른바 '자유의지'(free will) 문제를 내미는 것은 마치 선과 불선의 긴장관계를 설정한 고자의 견해와 닮은 꼴이라고 보아도 좋다는 얘기입니다.

이렇듯 인간 본성에 대한 이중적 긴장관계가 두 전통에서 똑같이 다루어진다는 사실은 의미심장합니다. 동서고금을 막론하고 인간의 문제를 다루는 데 있어서 모두가 보편적으로 동일한 문제의식을 지니고 있다는 사실을 보여주기 때문이지요. 그러므로 성서나 맹자의 가르침은 이 땅에서 살아가는 우리 인간들의 삶에서 서로가 그리 다르지 않다는 사실을 일깨워 줍니다. 아울러 오늘날에도 해결해야 할 숙제 또한 여전합니다. 비록 다른 언어의 형태와 다른 설화 내지는 다른 문화의 옷을 입고 그림자처럼 따라다닐 뿐이지만 말입니다.

12장

고자 II

진리가
너희를 자유케 하리라

12-1 _____

안식일은 사람을 위하여 있는 것이오, 사람이 안식일을 위하여
있는 것이 아니니….[막 2,27]

임나라 사람이 옥려자에게 물었다. "예(禮)와 먹는 것 중 어느
것이 중요합니까?" 옥려자가 말했다. "예가 중요하다." "여자와 예
중에 무엇이 중요합니까?" 옥려자가 말했다. "예가 중요하다." 다
시 물었다. "예를 갖추자니 굶어 죽겠고, 예를 제쳐두면 굶지 않
습니다. 그래도 예가 필요합니까? 예를 따지면 부인을 얻지 못하
고, 예를 제쳐두면 부인을 얻습니다. 그래도 예를 지키나요?" 옥
려자가 대답을 못하고 추나라 맹자를 찾아가니 맹자가 말했다.
"뭐 그런 걸 갖고 끙끙대는가? 뿌리를 잊어버리고 현재만 따진다
면, 조각나무로도 높다랗게 꼭대기까지 쌓을 수 있다. 금이란 깃
털보다 무거운 것인데, 어찌 한 조각 금으로 한 수레 깃털과 견주
려는가. 음식이라는 중요한 문제를 가벼운 예의 문제와 비교한다
면 구구히 말할 나위가 없으며, 부인을 얻는 중요한 문제를 사소
한 예의 문제와 비교해 따지는 것은 더 말할 나위가 없지 않은가.

그에게 찾아가서 말하라. 형의 팔목을 비틀어 먹을 것을 빼앗으면 얻고 그렇지 않으면 굶을 때, 자네는 어떻게 하겠나? 담장 넘어 처녀를 업어오면 부인을 얻고 그렇지 않으면 혼인할 수 없을 때, 자넨 어떻게 하겠는가?"

12-2 _____

누구든지 하늘에 계신 내 아버지의 뜻대로 하는 자가 내 형제요 자매요 모친이니라 하시더라.[마 12,50]

조교가 물었다. "모두가 요순이 될 수 있다 하니 맞습니까?" 맹자가 말했다. "그렇습니다." 조교가 말했다. "문왕은 십 척이고, 탕왕은 구 척이며, 나는 구 척 사 촌입니다. 그런데 밥만 축내니 어쩌면 좋습니까?" 맹자가 말했다. "어찌 그런 말을 하십니까? 그저 묵묵히 실천할 따름입니다. 여기 한 사람이 있는데, 힘을 쓰지 못하여 한낱 병아리같이 무력합니다. 그런데 지금 말하길 백 근을 들어야겠다 하면서 즉시 사람들 앞에서 힘을 씁니다. 그래서 마치 오확 같다고 얘기하나, 달리 오확이 아닙니다. 당신은 어찌 실천하지 않고 근심합니까? 실천하지 않은 것일 뿐입니다. 어른을 천천히 뒤따르니 공경한다고 말합니다. 어른을 앞질러 가니 못돼

먹었다고 합니다. 천천히 걷는 것은, 힘이 없어서가 아니라 삼가는 것입니다. 요순의 가르침은 효제(孝悌)일 따름입니다. 요의 옷을 입고, 요의 말씀을 되뇌고, 요의 발자취를 따르면 당신이 바로 요 임금입니다. 당신이 걸의 옷을 입고, 걸의 말을 뇌까리고, 걸처럼 살면 바로 걸이 됩니다." 조교가 말했다. "추나라 임금에게 집을 부탁하여, 머물러 가르침을 받고 싶습니다." 맹자가 말했다. "무릇 진리는 대로와 같으니, 어디서나 알 수 있습니다. 잘 찾아보시면 고향에 훌륭한 분이 많을 겁니다."

공손추가 물었다. "고자의 말에 따르면 소변은 소인배의 노래라고 합니다." 맹자가 말했다. "왜 그리 말하는가?" "원망하기 때문입니다." 맹자가 말했다. "고자 선생 풀이가 좀 갑갑하구나. 만약 월나라 사람이 활을 쏜다면, 나는 멀거니 훈수만 늘어놓을 것이다. 이는 모르는 사람이기 때문이다. 그런데 형님이 활을 들면 끙끙대며 가르친다. 이는 가까운 사람이기 때문이다. 소변의 원망은, 가까운 이에 대한 것이고 어짊에 관한 것이다. 고자가 너무 고지식하구나." 공손추가 말했다. "개풍에는 왜 원망하는 바가 없습니까?" 맹자가 말했다. "개풍은 친함이 지나치지 않은 까닭이고, 소변은 친함이 드러난 것이다. 부모의 허물이 클 때, 원망이 없으면 서먹서먹해진다. 부모의 허물이 작을 때, 원망을 늘어놓으면 괜시리 시끄럽기만하다. 서먹서먹한 것도 불효이고, 시끄러운 것도 불효이다. 공자는 말했다. '순은 효도가 지극하여 오십이 되어도 여전히 공경하였다.'"

12-3 _____

너희는 먼저 그의 나라와 그의 의를 구하라.[마 6,33]

송경이 초나라에 가다가 석구에서 맹자와 마주쳤다. 맹자가 말했다. "선생께서는 어디 가십니까?" 송경이 말했다. "진나라와 초나라가 전쟁한다기에 초왕과 진왕을 만나 말리려고 하오. 둘 중에 누군가 알아듣겠지요." 맹자가 말했다. "어떤 말씀인지 대강 뜻을 알고 싶습니다." 송경이 말했다. "서로 이득이 없다는 말이지요." 맹자가 말했다. "선생님 뜻을 알겠습니다만 그러면 안 될 것 같습니다. 선생께서 이익을 따져 초왕과 진왕을 설득하면, 왕들 또한 이익을 따져 대군을 해산시키고, 모든 군사들 또한 이익을 따져 기뻐 돌아갑니다. 그리고 신하된 이마다 이익을 따져 왕을 섬기고, 아들된 이도 이익을 따져 아비를 섬기며, 동생 또한 이익을 따져 형제를 대합니다. 이는 왕과 신하, 부모와 자식 형제들이 모두 인의를 저버리고 이익만 헤아리는 것이니, 그러고도 망하지 않는 경우는 보지 못했습니다.

선생께서 인의(仁義)를 내세워 진왕과 초왕을 일깨운다면, 두

왕은 인의를 따라 군대를 해산하고, 군사들은 인의를 따라 즐거이 돌아갈 겁니다. 신하된 자들은 인의로써 왕을 섬기고, 자식은 인의로써 부모를 섬기며, 형제들은 서로 인의로써 대할 겁니다. 이렇듯 모두가 이익을 따지기보다 인의로써 만나면 세상에 임금 노릇 못할 자 없습니다. 어찌 이익을 따지십니까?"

12-4 _____

경건의 모양은 있으나 경건의 능력은 부인하는 자니 이같은 자들에게서 네가 돌아서라.[딤후 3,5]

맹자가 추나라에 살 때, 계임이 잠시 임나라를 맡게 되었다. 예물을 보내니 맹자가 답례하지 못했다. 평육에 잠시 머무를 때, 저자가 제나라 수상이 되어 예물을 보내니 맹자가 답례하지 못했다. 얼마 지난 후 맹자가 임나라에 갈 때 계자를 찾아갔다. 그런데 제나라에 갈 때는 저자를 만나지 않았다. 옥려자가 웃으며 맹자에게 물었다. "선생님, 임나라에서는 계자를 찾아가고, 제나라에서는 저자를 만나지 않았습니다. 벼슬이 달라서 그런가요?" 맹자가 말했다. "아니다. 『서경』은 말한다 '그러니 예물에 여러 경우가 있으니, 경우에 어긋나면 예물이 아니다.' 예물에 뜻이 담기지 않으면 예물이 아니다." 옥려자가 빙그레 웃으니 사람들이 궁금했다. 옥려자가 말했다. "계자는 추나라에 올 수 없었지만, 저자는 평육에 올 수 있었다."

순우곤이 말했다. "명예와 실제를 중시하는 이는 사람을 섬기고, 명예와 실제를 하찮게 보는 이는 자신만을 위한다. 당신은 정승과 다름없는데, 명예와 실제가 통하지 않는다 하여 떠난다면 진정 인자(仁者)이겠는가?" 맹자가 말했다. "처지를 아랑곳하지 않고 지혜롭게 못된 왕을 떠난 이는 백이다. 탕과 걸을 가리지 않고 섬긴 사람은 이윤이다. 타락한 왕을 마다하지 않고, 초라한 자리도 마다하지 않은 사람은 유하혜이다. 셋은 모두 다른 길을 갔지만, 한결같은 마음이다. 이는 바로 어진 마음이다. 따라서 군자는 어진 마음이로되, 모두 같지는 않다."

"노나라 목공 때 공의자가 나라를 맡았고 자류와 자사가 신하로 있었으나, 나라는 쪼그라들어 점점 약해졌다. 이는 나라에 현자가 많아도, 별 볼 일 없는 것이 아닌가?" 맹자가 말했다. "우나라는 백리해를 등용하지 않아 망했고, 진목공은 그를 등용하여 강한 나라가 되었다. 어진 이를 세우지 않으면 망하는 것이다. 어찌 쪼그라들겠는가?"

순우곤이 말했다. "옛날 왕표가 기 땅에 머물 때, 하서 거리마다 노래가 넘쳐흘렀다. 면구가 고당에 머물 때, 제우 거리에는 노랫가락이 가득했다. 화주와 기량의 부인이 목숨 바친 남편을 애

곡하니, 기어이 나라 풍속을 바꿔 놓았다. 이처럼 내공이 있으면 반드시 드러나게 마련이니, 일을 벌여 허탕 치는 경우를 보지 못했다. 그러므로 현자가 없는 것이니, 만일 있다면 내가 알았으리라." 맹자가 말했다. "공자가 노나라 사구로 섬길 때 뜻을 펴지 못하니, 제사 드리다가 예에 어긋나자 곧바로 떠났다. 모르는 이들은 제사음식 때문이라 떠들지만, 아는 이들은 예에 어긋났음을 말하였다. 이렇듯 공자가 사소한 일로 떠나는 진심을 숨기니, 군자의 깊은 뜻을 무리들이 어찌 알겠는가?"

12-5 _____

사람은 외모를 보거니와 나 여호와는 중심을 보느니라.[삼상 16,7]

맹자가 말했다. "오패(五霸)라는 것은 삼왕(三王)의 죄인이다. 오늘날 제후들은 오패의 죄인이고, 오늘날 대부(大夫)들은 제후들의 죄인이다. 천자가 제후를 둘러보는 것을 가리켜 순수라 부른다. 제후가 천자를 영접하는 것을 술직이라 부른다. 봄에 밭 갈아 부족한 것을 챙기고, 가을 추수에는 모자란 것을 채워준다. 나라에 들어서면 토지를 헤아리고, 들을 살펴 노인들을 봉양하며, 현인을 돌보아 훌륭한 인물들이 제몫을 다하면 이에 상으로 토지를 내린다. 나라를 둘러보니, 토지는 황량하고, 노인들이 떠돌며, 현자들이 사라졌다. 망할 것들이 자리를 꿰차고 있으면 내쫓아 버린다. 한 번 잘못되면 벼슬을 뺏고, 두 번 잘못하면 땅을 빼앗으며, 세 번 잘못하면 군사를 일으켜 쫓아낸다. 그러므로 천자는 쫓아내기는 하되 싸우지 않으며, 제후는 싸우되 쫓아낼 수가 없다. 오패 나라는 제후를 앞장세워 제후와 싸우게 하니, 그런 까닭에 오패는 삼왕의 죄인이다. 오패는 환공 때 크게 일어나, 규구에서 모임을 가졌다. 제후들은 희생제로 서약하고, 피는 나누지 않았다. 첫 번 합의는 불효자를 벌하고, 세자를 바꾸지 않으며, 첩으로 처를 삼지 않는 것이다. 두 번째는 지혜로운 자를 등용하고, 인재를 양성하며, 덕을 높이는 것이다. 셋째는 어른을 공경하고, 어린이를 돌보며, 나그네를 대접하는 것이다. 넷째, 선비는 세습하지 않으며, 관직을 겸직하지 않고, 선비에게 전권을 주고, 대부를 마음대로 죽이지 않는다. 다섯째, 함부로 제방을 쌓지 않으며, 일용할 양식을 끊지 않으며, 신하에게 땅을 내리면 반드시 이를 알린다. 그리고 말했다. '우리가 서로 동맹하였으니 이후 서로를 존중한다.' 제후들은 이 모든 조항을 어긴 셈이니, 지금 제후들은 모두 오패의 죄인이다. 왕의 허물에 아부하는 것은 봐줄 수 있지만, 왕의 허물에 맞장구치는 것은 큰 죄악이다. 오늘날 대부들은 한결같이 왕의 허물에도 손뼉치니, 그러므로 지금 대부들은 모두 제후들의 죄인이라는 것이다.

12-6 _____

이새의 아들 다윗을 만나니 내 마음에 합한 사람이라.[행 13,22]

노나라에서 신자를 장군 삼으니, 이에 맹자가 말했다. "백성을 가르치지 않고 전쟁터에 보내니, 이는 백성에게 재앙이다. 백성을 재앙으로 내모는 것은, 요순 시절엔 꿈도 꾸지 않았다. 제나라가 승리하여 남양을 차지하더라도, 이는 그만둬야 한다." 신자가 화를 내며 말했다. "그래도 활리는 신경쓰지 않소이다."

맹자가 말했다. "내 솔직하게 말하겠소. 천자의 땅은 사방 천리이고, 천 리가 되지 못하면 제후를 다스림에 부족하오. 제후의 땅은 사방 백 리이고, 백 리가 되지 않으면 종묘를 꾸리기에 부족하오. 주공이 노나라 백 리 땅을 맡으니, 적지 않은 땅을 알뜰히 다스렸소. 태공이 제나라를 맡으니 또한 백 리였고 부족함 없이 살뜰히 다스렸소. 이제 노나라는 백 리의 다섯 배요. 그런데 만일 왕이랍시고 날뛴다면, 노나라에게 손해일까 이익일까? 헛되이 이웃 나라를 빼앗아 이런 꼴을 당하느니, 어진 자라면 물리치는 법이오. 하물며 사람 죽여 빼앗으면 무슨 소용인가? 군자는 왕을 섬기되, 왕이 바른 길을 걷게 하고 인에 뜻을 두게 할 뿐이오."

맹자가 말했다. "오늘날 왕을 섬긴다는 핑계로 땅을 일구고 창고를 그득 채우면, 훌륭한 신하라 말한다. 그러나 옛적에는 백성을 등쳐먹는다 했다. 왕이 도를 저버리고 인을 멀리하며 재물만 밝히니, 이는 걸왕이나 마찬가지이다. 왕을 섬긴답시고 이웃나라 와 짝자꿍하여 전쟁만 일삼으면, 오늘날에는 뛰어난 신하라 말한 다. 그러나 옛적에는 백성의 도적이라 했다. 도를 저버리고 인을 멀리하여 억지로 전쟁만 일삼으니, 이는 폭군 걸 뺨치는 셈이다. 그러므로 이렇다면 오늘 세태를 바꿀 수 없고, 천하를 맡긴다 해 도 하루를 넘길 수 없다."

백규가 말했다. "이십분지 일 세금을 거두려는데 어떻습니까?" 맹자가 말했다. "이는 오랑캐 방식입니다. 큰 나라에 그릇 가게가 하나밖에 없으면 어떨까요?" 백규가 말했다. "말도 안 됩니다. 턱 없이 모자라지요." 맹자가 말했다. "오랑캐들은 오곡이 없으니, 오직 기장만 얻습니다. 성곽이나 궁궐, 종묘나 제사법도가 필요 없으며, 제후의 예물이나 접대 예식도 없고, 게다가 각종 제도와 관리들도 필요없으니 이십분지 일도 괜찮습니다. 오늘 중국에서 인류를 멀리하고 군자를 외면한다면, 어떻게 될까요? 그릇 따위 가 부족하면 이는 나라 꼴이 아닙니다. 하물며 군자가 없다는게 말이 됩니까? 요순이 택한 것보다 가볍다면 이래저래 오랑캐일 뿐이고, 요순의 길보다 지나치면 크나 적으나 걸의 꼴이 될 것입 니다."

백규가 말했다. "제가 물을 다루는 방법은 우 임금보다 뛰어납 니다." 맹자가 말했다. "그것은 너무 지나칩니다. 우 임금의 방법은 자연스레 물의 성질을 이용합니다. 그러므로 우 임금은 사해를 물길 삼았는데, 당신은 이웃나라를 물길로 만들었습니다. 물이 거꾸로 흐르면 강수라고 말합니다. 강수라는 것은 홍수를 말합니다. 어진 사람은 꺼리는 바이니, 당신은 너무 지나칩니다." 맹자가 말했다. "군자가 진실되지 못하면 무엇을 의지하리오."

  노나라에서 악정자를 재상으로 삼았다. 맹자가 말했다. "너무 기뻐 잠을 이루지 못했다." 공손추가 물었다. "악정자가 뚝심이 있습니까?" "없다." 공손추가 말했다. "생각이 깊습니까?" "그렇지 않다." "그러면 아는 것이 많습니까?" 맹자가 말했다. "아니다." 공손추가 물었다. "그런데 어찌하여 기뻐 잠을 이루지 못하셨나요?" 맹자가 말했다. "사람됨이 선을 좋아하기 때문이다." "선을 좋아하면 충분합니까?" 맹자가 말했다. "선을 좋아함이 천하에 이름 높은데, 하물며 노나라에게는 오죽하겠는가? 진실로 선을 좋아함이 온 천하에 가득하면, 천리를 마다 않고 몰려와 선한 것으로 아뢸 것이다. 진실로 선을 좋아하지 못하면, 입만 나불대며 홀로 떠벌이리라. 번드르르한 입술과 얼굴이 천리 밖에까지 널리 퍼지니, 선비는 천리 밖에서 떠돌고 아첨꾼과 소인배들만 몰려오리라. 아첨꾼과 소인배들이 우글대면 나라가 온전하겠는가?"

12-7 _____

나를 단련하신 후에는 내가 정금같이 나오리라.[욥 23,10]

진자가 말했다. "옛날 군자에게 벼슬하는 법도가 있었나요?" 맹자가 말했다. "벼슬하는 세 가지 길과 물러나는 세 가지 길이 있었다. 공경하는 마음으로 예를 갖추며 또한 가르침을 받들겠다는 약속이 있으면 비로소 나아간다. 예를 갖추기는 하되 가르침을 따르는 바 없으면 물러난다. 가르침에 대한 실천이 없어도 공경하는 마음으로 예를 갖추면 나아가되, 예를 갖추는 모습이 스러지면 즉시 떠난다. 마지막으로 아침도 굶고 저녁도 거르며 먹지 못해 허덕이는데 왕이 말한다. '나는 큰 사람이라. 제대로 도를 행하지도 못하고 말씀대로 살아가지 못한다. 다만 나라에 굶주리는 사람이 있다면 부끄럽다.' 이에 보살피면 도움을 받으니, 굶어 죽지 않기 위함이다."

맹자가 말했다. "순은 논밭에서 일하다 뜻을 세웠고, 부열은 성을 쌓다가 뜻을 세웠으며, 교격은 고기와 소금을 팔다가 일어났고, 관이오는 선비의 신분으로 일어났고, 손숙오는 바닷가 출신이며, 백리해는 시장터 출신이었다. 그러므로 하늘이 사람에게 일을 맡기실 때에는, 먼저 그 뜻을 다부지게 하신다. 뼈와 근육을 다지시고, 몸과 살을 말리기도 하고, 몸을 수고롭게 한다. 일이 힘든 까닭은, 마음을 단련하여 어려움을 이기게 하려는 것이다. 사람이란 허물이 있는 연후에 고치고, 마음에 어려움을 겪은 후에 깨달아 돌이키고, 생각이 크게 바뀐 후에 일을 끝내며, 얼굴색이 바뀌고 목소리가 변할 정도가 되어야 깨달음을 얻는다. 나라 안에 법가가 없으면 선비가 되지 못하며, 밖으로 적이 없어 근심거리가 사라지면 끝내 망하고 만다. 그러므로 우환에서 지혜가 비롯되며, 편안함을 따르다 보면 끝내 죽게 마련이다." 맹자가 말했다. "가르침에 여러 가지가 있으니, 내가 거리끼는 가르침이라 할지라도 이 또한 가르침일 따름이다."

고자 하편에서는 상편의 논쟁에서 한 걸음 더 나아갑니다. 맹자가 뜻하는 바가 더욱 분명하게 강조됩니다. 다시 말해 고자의 경우 내면과 외면의 이분법적 사유를 전개하는 데 반하여, 맹자는 이러한 구분없이 인간 내면의 문제에 더욱 깊이 파고들면서 자신의 사상을 펼쳐나가기 때문입니다. 이런 까닭에 맹자는 삼라만상의 모든 문제를 내면적인 관점에서 다루고 있습니다

예를 들면 이렇습니다. 세상의 권력자들에게 맹자가 스승으로서 대접을 받을 때가 있습니다. 그런데 보통 사람들은 아무런 차

이를 느끼지 못하지만 맹자는 경우마다 다르게 받아들입니다. 그래서 예물을 주고받을 때, 과연 주는 사람의 정성과 마음 씀씀이가 제대로 담겨 있는가를 분명히 헤아리는 겁니다. 이럴 경우, 똑같은 선물을 받았더라도 진심이 담겨 있지 않았다면 차라리 없었던 것이 더 나을 수도 있다는 말입니다. 물론 이는 『논어』나 『춘추』에서도 이미 공자가 늘 강조하였던 점이기도 하지요(似而非, 微言大義 등 참조).

성서의 경우도 마찬가지입니다. 예언서 중 하나인 이사야에서는 이스라엘의 예배와 종교 행태에 관한 근본적인 물음을 던집니다. "여호와께서 말씀하시되 너희의 무수한 제물이 내게 무엇이 유익하뇨. 나는 수양의 번제와 살진 짐승의 기름에 배불렀고, 나는 수송아지나 어린 양이나 수염소의 피를 기뻐하지 아니하노라. 너희가 내 앞에 보이러 오니, 그것을 누가 너희에게 요구하였느뇨. 내 마당만 밟을 뿐이니라. 헛된 제물을 다시 가져오지 말라. 분향은 나의 가증히 여기는 바요 월삭과 안식일과 대회로 모이는 것도 그러하니 성회와 아울러 악을 행하는 것을 내가 견디지 못하겠노라(1,11-13)." 이것은 이른바 종교적 계율에 있어 '입법취지'(立法趣旨)의 문제를 다루는 것입니다. 예레미야도 이와 같이 선포합니다. "내 이름으로 일컬음을 받는 이 집이 너희 눈에는 도둑의 소굴로 보이느냐(7,11)."

가만히 듣노라면 가슴이 떨려 서늘해질 정도입니다. 껍데기뿐인 종교에 대해 가혹하고 신랄하기 이를 데 없는 이같은 예언자들의 선포를 가리켜 '예언서'(Nebiim)라고 부릅니다. 이는 '율법'(Torah)의 본래 뜻을 해석해 내는 전통을 말합니다. 그리고 예언서 정신과 같은 흐름에서 예수 또한 다음과 같이 예배와 봉헌에 대해 말씀합니다. "내가 진실로 너희에게 이르노니 이 가난한 과부는 연보 궤에 넣는 모든 사람보다 많이 넣었도다. 저희는 다 그 풍족한 중에서 넣었거니와 이 과부는 그 구차한 중에서 자기 모든 소유 곧 생활비 전부를 넣었느니라(막12,43-44)."

맹자의 경우처럼, 예수는 율법의 해석에 있어 겉치레보다는 이같이 입법취지를 매우 중요하게 보았습니다. 그래서 화려하고 웅장한 예루살렘 성전을 바라보며 넋을 잃고 있었던 제자들을 일깨웁니다. "네가 이 큰 건물들을 보느냐 돌 하나도 돌 위에 남지 않고 다 무너뜨려지리라(막 13,2)." 한갓 돌무더기에 불과한 인간들의 겉치레뿐인 종교놀음에서 벗어나라는 것이지요. 이러한 예수의 선포는 '안식일은 사람을 위하여 있는 것(막 2,27)'이라는 한마디로 정리될 수 있습니다.

그런데 예수의 이러한 행태는 당시 이스라엘 사회를 뒤집어 놓았습니다. 거대한 성전 종교 체제에 봉사하는 것으로 종교적 역할을 다했다고 생각하는 제사장과 서기관들이 가만히 앉아 있지 않았기 때문입니다. 게다가 자신들을 회칠한 무덤이라고 욕설을 내뱉기까지 했으니 도저히 참을 수가 없습니다. 그래서 예수는 결국 괘씸죄와 불온죄로 십자가 형장의 이슬이 되어 사라지고 맙니다. 이렇게 보면 맹자는 무척이나 운이 좋은 듯 싶습니다. 동아시아는 그나마 점잖은 사회 분위기 덕분에 다행히도 맹자가 살아남을 수 있었으니까요. 임금답지 못하면 한갓 남정네에 불과하다고 독설을 퍼부었지만, 전혀 꿀리지 않았고 게다가 멀쩡하게 목숨도 붙어 있었다는 말입니다.

13장

진심 I

두드리는 이에게
열릴 것이니라

13-1 _____

구하는 이마다 얻을 것이요 찾는 이가 찾을 것이요 두드리는 이
에게 열릴 것이니라.[마 7,8]

맹자가 말했다. "마음이 지극하면 그 본성을 헤아릴 것이며, 그
본성을 헤아리면 하늘의 뜻을 헤아린다. 마음을 잘 추슬러 그 본
성을 가꾸면 이로써 하늘을 섬기게 된다. 장수하는 것과 단명하
는 것은 다르지 않다. 몸을 삼가서 기다리면 이른바 하늘의 뜻을
받게 된다." 맹자가 말했다. "하늘의 뜻이 아닌 바가 없으니, 다소
곳이 그 올곧음을 받든다. 까닭에 하늘의 뜻을 헤아린 자는 으슥
한 곳에 머무르지 않는다. 하늘 뜻을 끝내 붙드는 자는 죽을 때까
지 올곧을 뿐이다. 세상에 얽매여 죽는 자는 올곧음에 미치지 못
한다."

맹자가 말했다. "구하면 얻게 되고, 포기하면 잃게 된다. 그런
까닭에 구하면 무엇이든지 얻게 되니, 이는 구하는 것이 내 안에
있기 때문이다. 구함에 이것저것 따지는 원칙과, 얻음에 이러쿵
저러쿵 따지는 말이 많으면, 이는 구해 봤자 별 소용이 없다. 세

상의 것을 구하기 때문이다." 맹자가 말했다. "만물이 모두 내 안에 있다. 삼가 몸을 살펴 정성을 다하면, 이보다 좋을 수 없다. 마음을 활짝 열어 행하면, 이보다 더 어진 경우는 없다." 맹자가 말했다. "열심히 행해도 열매가 없으며, 열심히 배워도 살피지 못하니, 평생토록 이렇듯 도를 깨닫지 못하는 자가 부지기수이다."

맹자가 말했다. "모름지기 사람은 부끄러움을 알아야 한다. 삼가 부끄러워할 줄 안다면 부끄러울 일이 없다." 맹자가 말했다. "사람에게 부끄러움이란 매우 중요하다. 요리조리 솜씨 좋게 빠져나가는 것은 부끄러움을 모르는 짓이다. 사람답지 못함을 부끄러워할 줄 모르면, 어찌 사람이리오."

13-2 _____

나의 택한 사람을 보라. 내가 나의 신을 그에게 주었은즉 그가 이방에 공의를 베풀리라. 그는 외치지 아니하며 목소리를 높이지 아니하며 그 소리로 거리에 들리게 아니하며 상한 갈대를 꺾지 아니하며 꺼져가는 등불을 끄지 아니하며 진리로 공의를 베풀 것이며…[사 42,1]

맹자가 말했다. "옛날 훌륭한 왕은 선을 좋아하고 권세는 제쳐

두었다. 지혜로운 옛 선비는 어찌하였으리오. 즐거이 도를 좇고 세상 욕심을 잊었으니, 그런 까닭에 왕과 귀족들조차 성심과 예를 다하지 않으면 쉬이 만날 수 없었다. 만남이 이처럼 쉽지 않은데, 하물며 어찌 신하로 얻을 수 있으리오?"

맹자가 송구천에게 일렀다. "자네가 노니는 것을 좋아하니 한마디 하겠네. 무릇 사람들이 알아주어도 그러려니 하고, 몰라줘도 그러려니 하게." 송구천이 말했다. "어떻게 그럴 수 있나요?" 맹자가 말했다. "덕을 높이고 의를 의지하면, 이같이 할 수 있지. 그러므로 선비는 곤란할 때도 의를 잃지 않고, 일이 잘 풀린다고 도를 저버리지 않네. 곤란해도 의를 잃지 않으니 흐트러지지 않으며, 일이 잘 풀려도 도를 저버리지 않으니 백성들의 기대를 모으지. 옛 사람은 뜻을 얻으면 온 백성 가운데 두루 미치고, 뜻을 얻지 못하면 스스로 다잡으니 온 세상에 드러났네. 그런 까닭에 선비는 곤궁하면 홀로 그 몸을 다잡고, 길이 열리면 천하를 평안케 하네."

맹자가 말했다. "문왕 같은 이가 있으면, 백성들은 따라 일어나는 법이다. 무릇 호걸과 같은 선비는, 문왕이 없어도 불같이 일어나리라." 맹자가 말했다. "한씨와 위씨 집안 같은 부귀와 권세가 있어도 이를 시큰둥하게 여기면 이는 보통 사람이 아니다." 맹자가 말했다. "기꺼운 가르침으로 백성을 이끌면, 힘들어도 원망이 없다. 살림의 가르침으로 백성을 다그치면, 죽어도 원망하는 이가 없다."

맹자가 말했다. "패왕의 백성은 북치고 장구치며 북적대지만, 어진 왕의 백성은 그저 태평하고 넉넉할 따름이다. 괴로워도 원망이 없고 이로워도 내세움이 없으니, 늘 선을 이루되 누구인지 알지 못한다. 대저 군자는 만나는 자마다 감화시키고, 잘 다독여 온전하게 하며, 온 천지에 모두 한결같으니 어찌 하찮은 이들의 다스림과 견주리오." 맹자가 말했다. "어진 말은 어진 노래로 마음을 사로잡는 것만 못하다. 선한 다스림은 선한 가르침으로 마음을 얻는 것만 못하다. 선정은 우러러보지만, 선한 가르침은 사랑하게 만든다. 선정은 배부르게 하지만, 선한 가르침은 마음을 사로잡는다."

13-3 _____

내게 능력 주시는 자 안에서 내가 모든 것을 할 수 있느니라.[빌 4,13]

맹자가 말했다. "배우지 않고도 할 수 있으니, 하늘이 내려주신 양능(良能) 때문이다. 생각지 않고도 알 수 있으니, 하늘이 내려주신 양지(良知) 때문이다. 어릴 때는 본능적으로 그 부모에게 안기게 마련이다. 자라서는 본능적으로 그 형을 따르게 마련이다. 부모를 가까이 하는 것은 인이요, 어른을 우러르는 것은 의이다. 이로써 천하를 헤아리는 것이다." 맹자가 말했다. "순 임금이 산에서 살 때, 나무와 돌 틈에 머물렀다. 사슴과 멧돼지와 어울리니, 여늬 산골 사람 같았다. 그런데 좋은 이야기를 듣고 좋은 일을 겪으면, 마치 강둑 터지듯 걷잡을 수 없었다."

맹자가 말했다. "하지 말아야 할 바를 삼가고, 마다해야 할 바를 욕심내지 말라. 그저 이것일 따름이다." 맹자가 말했다. "덕과 지혜와 재주와 깨달음은, 언제나 환난과 역경 속에서 자라난다. 꼿꼿한 신하 그리고 서자들은 어려움 때문에 늘 조심하고 늘 대비한다. 그러므로 잘 헤쳐나가는 것이다." 맹자가 말했다. "왕을 잘 섬긴다는 것은, 섬기기를 기뻐한다는 말이다. 사직을 편안케 하는 신하가 있으니, 이는 사직이 편안함을 기뻐하는 자이다. 하늘의 사람이란 때를 헤아려 천하의 뜻에 합당한 자이다. 큰 인물이 있으니, 이는 자기를 바르게 하며 만물을 세우는 사람이다."

맹자가 말했다. "군자가 세 가지 즐거움을 누리고 아울러 천하를 올바로 다스리는 것은 쉽지 않다. 부모가 생존해 있음이 첫 번째 즐거움이다. 하늘을 우러러 부끄러움이 없고, 사람들에게 떳떳함이 두 번째 즐거움이요, 천하 영재를 모아 가르침이 세 번째 즐거움이다. 군자가 세 가지 즐거움을 누리고 더불어 천하를 세우는 것은 모두 쉽지 않은 일이다." 맹자가 말했다. "영토를 넓히고 백성이 몰려드는 것은 바라는 바이나, 군자의 마땅한 즐거움은 아니다. 천하를 오롯이 세우고 사해 백성을 평안케 함은 기쁨이지만, 군자의 마땅한 바탕은 아니다. 군자의 바탕은 널리 행하되 한 치도 더할 수 없고 어려움에 처해도 흔들림이 없음이니, 이는 하늘이 정한 것이다. 군자의 마땅한 바탕이란 인의예지를 마음에 뿌리박는 것이다. 이에 초롱초롱 기운이 일어나 얼굴이 환해지고 몸에 가득하니, 표현하지 않아도 뚜렷하게 된다."

13-4 _____

나그네를 대접하며, 혹은 성도들의 발을 씻기며, 혹은 환난 당한 자들을 구제하며, 혹은 모든 선한 일을 좇은 자라야 할 것이요….[딤전 5,10]

맹자가 말했다. "백이가 폭군 주를 떠나 북해 바닷가에 살다가 문왕이 일어남을 보고 말했다. '이제 돌아가야겠다. 듣건대 서백은 어른을 잘 대접한다고 한다.' 태공이 주를 떠나 동쪽 바닷가에 살다가 문왕이 일어남을 보고 말했다. '이제 돌아가야겠다. 듣건대 서백은 어른을 잘 대접한다고 한다.' 이렇듯 어른을 공경하면, 어진 사람이 돌아오게 마련이다. 집 앞 다섯 이랑에 뽕나무를 심으면 아낙네들이 실을 뽑아 어르신 옷을 만든다. 다섯 마리 닭과 두 마리 돼지를 기르면 어르신 고기반찬이 넉넉해진다. 백 묘의 땅에 농사하면 여덟 식구 살림에 부족함이 없다. 이른바 서백이 어른을 잘 보살핀다는 것은, 논밭을 마련해 주며 과수와 짐승을 기르게 하여 식구와 어르신을 보살폈다는 말이다. 오십이 되어 든든하지 않으면 떨게 마련이고, 칠십이 되어 고기가 없으면 배부르지가 않다. 떨면서 배를 곯으니, 이를 가리켜 동뇌라 한다. 문왕의 시대에 어르신이 동뇌한 자 없다 하니 바로 이것이다."

맹자가 말했다. "논밭 갈기 편하게 돌봐주고 세금을 줄이면, 백성으로 하여금 배부르게 할 수 있다. 배고플 때 먹으며 예에 알맞도록 하면, 쓸데없이 낭비하지 않는다. 무릇 물과 불이 없으면 생활하지 못하니, 저물매 이웃집 두드려 구하면 마다하는 자 없다. 성인이 나라 다스림이 곡식이나 물, 불과 같은 바이다. 곡식이 물, 불과 같으면 백성이 어찌 불인(不仁)할 바 있겠는가?"

맹자가 말했다. "공자가 동쪽 산에 오르니 비로소 노나라 작음을 알았고, 태산에 오르니 비로소 천하 작음을 알았다. 그런 까닭에 바다를 본 자는 물을 어렵게 여기고, 성인의 문하에 거하는 자는 말을 어렵게 여긴다. 물을 살피면 나름대로 흐름이 있으니, 물결을 잘 살펴야 한다. 달과 해에 밝음이 있으니, 빛이 닿는 곳에는 반드시 드러나는 바가 있다. 물 흐름에 법이 있으니, 가득해야 비로소 흐르는 법이다. 군자가 뜻을 세움에, 제대로 영글지 않으면 열매 맺지 못한다."

13-5 _____

복 있는 사람은 악인의 꾀를 좇지 아니하며 죄인의 길에 서지 아
니하며 오만한 자의 자리에 앉지 아니하고···.[시 1:1]

맹자가 말했다. "닭이 울면 일어나 부지런히 선을 이루니, 바로
순 임금 따르는 이들이다. 닭이 울면 일어나 부지런히 이익을 찾
아 헤매니, 바로 도척의 무리들이다. 순 임금과 도척을 헤아리는
것은 어렵지 않다. 이익을 따르느냐 선을 따르느냐의 차이이다."
맹자가 말했다. "양자는 자신만을 위하니, 터럭 하나로 세상이 이
롭게 되어도 나서지 않는다. 묵자는 누구에게나 사랑을 말하니,
정수리를 갈아 발바닥이 되도록 세상을 위해 아낌이 없다. 자막
은 깊이 파고드니, 집중하여 가까워진다. 집중하다 보면 헤아림
이 없으니, 마치 하나에만 매달리는 모습과 같다. 하나에만 매달
리는 것을 꺼리니, 이는 도를 해치기 때문이다. 하나에만 매달리
면 많은 것을 놓친다."
맹자가 말했다. "주린 사람은 음식이 달고, 목마른 자는 물이
달다. 이는 정상이 아닐 터, 굶주림과 갈증이 지나치기 때문이다.

그런데 굶주림과 갈증에 어찌 입과 창자만 망가지리오. 사람 마음도 마찬가지다. 무릇 사람이 굶주림과 갈증에 마음을 해치지 않는다면, 뒤처져도 근심하지 않는다." 맹자가 말했다. "유하혜는 정승 벼슬 때문에 그 올곧음이 흔들리지 않았다."

맹자가 말했다. "일을 벌이는 것은 마치 우물 파는 것과 같다. 아홉 길을 파더라도 샘물을 얻지 못하면 그 우물을 버린다." 맹자가 말했다. "요순은 마음의 모습이요, 탕왕과 무왕은 육신의 모습이고, 오패는 꾸며 놓은 모습이다. 꾸며 놓은 지 오래이니 본래 모습을 잃었다. 어찌 허탕인 것을 깨닫겠는가?" 공손추가 말했다. "이윤이 '바르지 못한 것을 고치자.' 하고 태갑을 동 지방으로 보내니, 백성이 크게 기뻐합니다. 태갑이 깨닫고 다시 돌아오니, 백성이 또한 기뻐합니다. 현명한 신하라도 신하일 뿐인데, 과연 왕이 어리석다고 내쫓을 수 있나요?" 맹자가 말했다. "이윤이 뜻깊은 사람이라 문제가 없었다. 하지만 다른 생각을 품었다면 찬탈이다."

13-6 _____

예수께서 가라사대 여우도 굴이 있고 공중의 새도 집이 있으되 인자는 머리 둘 곳이 없도다.[눅 9,58]

공손추가 말했다. "『시경』은 말합니다. '공짜 점심은 없다.' 그런데 군자가 농사 짓지 않으니 어찌합니까?" 맹자가 말했다. "군자는 나라 일 때문에 있다. 군자가 책임을 맡으니, 살림이 편안하고 넉넉해지며 나라가 번성한다. 자녀들이 순종하며, 효도와 우애가 있고 충성되며 신실해진다. 어찌 공짜 점심에 견주겠느냐?"

왕자 점이 물었다. "선비는 뭐하는 사람인가요?" 맹자가 말했다. "뜻이 귀한 사람입니다." 왕자가 말했다. "뜻이 귀하다는 게 뭐지요?" 맹자가 말했다. "인의(仁義)를 말할 뿐입니다. 사소한 것이라도 죽이고 죄 없다 하면, 이는 인이 아닙니다. 마땅하지 않은데 취하면, 의롭지 못한 겁니다. 거할 곳이 어디일까요? 바로 인입니다. 나갈 길이 어디일까요? 바로 의입니다. 인에 거하고 의로 말미암는 것은 바로 대인의 일입니다."

맹자가 말했다. "중자(仲子)는 불의로 제나라를 얻는다 해도 받지 않을 거라 모두가 철썩같이 믿는다. 이는 한 사발 밥과 국에 불과한 의일 뿐이다. 사람의 일보다 더 큰 일은 없다. 친척과 군신과 위, 아래를 무시하는데, 사소한 것에 팔려 큰 것을 믿어 버리면 어찌 말이 되는가?"

도응이 물었다. "순 임금이 천자가 되고, 고요가 재판관이 되었는데, 고수가 사람을 죽이면 어떻게 할까요?" 맹자가 말했다. "붙잡아 가둬야지." 도응이 물었다. "그러면 순 임금은 그저 보고만 있나요?" 맹자가 말했다. "순 임금인들 어찌겠나?" 도응이 물었다. "다른 방법이 없을까요?" 맹자가 말했다. "순 임금은 천하권세를 헌신짝 버리듯 할 것이다. 아비를 몰래 빼내어 바닷가 근처로 달아나서, 거기서 죽을 때까지 살며 천하를 잊을 것이다."

13-7 _____

경건의 모양은 있으나 경건의 능력은 부인하는 자니 이같은 자들에게서 네가 돌아서라.[딤후 3,5]

맹자가 제나라 서울로 가서 왕자를 바라보다가 감탄하며 말했다. "처신하는 기품이 바뀌고 덕스러운 모습이구나. 처신이 너무도 의젓하구나. 여느 사람이 애쓴다고 될 법이나 할까?" 맹자가 말했다. "궁궐에서 마차와 의복으로 북적이며 여러 사람들과 섞여 있어도 왕자만 유독 도드라진다. 이는 처신하는 것이 다르기 때문이다. 하물며 천하를 두루 다독이는 아량을 가진다면 어떨까?"

노나라 왕이 송나라에 이르러 질택의 문앞에서 호령하매 문지기가 말했다. "이 사람은 우리 왕이 아닌데, 어찌 소리가 우리 임금과 비슷한가?" 이는 다름 아니라 그 처신하는 바가 같기 때문이다. 맹자가 말했다. "먹기만 하고 사랑이 없다면, 돼지떼가 우글

거리는 꼴이다. 사랑하되 공경하지 않으면 짐승과도 같다. 공경은 재물로도 어찌할 수 없다. 공경한다면서 실제 알맹이가 없다면, 군자는 헛되이 얽매이지 않는다." 맹자가 말했다. "모습과 성격은 하늘이 내리는 것이니, 오직 성인된 후에 그 뜻을 펼칠 수 있다."

제선왕이 장례를 간단히 치르고자 했다. 공손추가 말했다. "일년상이라도 하는 것이 나을까요?" 맹자가 말했다. "어떤 이가 자네 형님 팔뚝을 꺾고 있는데 점잖게 뒷짐지고 있겠나? 또한 효제의 가르침을 말할 뿐이다." 왕자 가운데 그 어미가 죽으니 스승이 몇 개월 장례를 청했다. 공손추가 말했다. "이 경우는 어찌합니까?" 맹자가 말했다. "제대로 하자면 불가능하다. 그러니 며칠이라도 보탤 수 있다면 좋다. 아무도 말하는 이가 없으니, 하지 않는 것을 일깨우는 것이다."

13-8 _____

사람을 기쁘게 하는 자와 같이 눈가림만 하지 말고 오직 주를 두려워하여 성실한 마음으로 하라.[엡 4,22]

맹자가 말했다. "군자의 가르치는 바가 다섯 가지다. 때 맞춰

비오듯 자연스러운 방법이 있고, 덕을 쌓아가듯 하는 법이 있으며, 재산 불리듯 하는 방법이 있다. 물음에 대답하는 방식이 있고, 널리 가르쳐 스스로 이루게 하는 방법이 있다. 이 다섯이 군자가 가르치는 방법이다." 공손추가 말했다. "선생님 도는 고상하고 아름답습니다. 마치 하늘로 치솟듯 하니, 아등바등하나 따를 수 없습니다. 눈높이를 약간 낮추면 어떨까요?" 맹자가 말했다. "훌륭한 목수는 함부로 줄눈을 바꾸지 않으며, 뛰어난 궁사는 함부로 활시위를 당기지 않는다. 군자도 마찬가지다. 당기되 함부로 쏘지 않으니 팽팽하기 이를 데 없다. 도에 알맞으면 재주 있는 자가 뒤따르게 마련이다."

맹자가 말했다. "천하가 바로 서면 도를 위해 온몸을 바치고, 천하가 어지러우면 몸으로써 도를 지킨다. 사람에게 도리를 꿰맞춘다는 말은 들어보지 못했다." 공도자가 물었다. "등갱이 여기서 배우는데, 배려하기는커녕 쳐다보지도 않으시니 어쩐 일입니까?" 맹자가 말했다. "지위가 높다고 건들건들하거나, 잘났다고 우쭐대거나, 나이가 있다고 목에 힘주거나, 뭔가 내세우려는 것은 배우는 자세가 아니다. 등갱은 해당 사항이 두 가지이다."

13-9 _____

어찌하여 형제의 눈 속에 있는 티는 보고 네 눈 속에 있는 들보는 깨닫지 못하느냐.[눅 6,41]

맹자가 말했다. "그치지 말아야 하는데 그만두는 이는, 그치지 말아야 할 바가 없다. 듬직해야 하는데 가볍게 처신하는 이는, 언제나 가볍게 넘겨 버리고 만다. 서둘러 나아가는 이는, 마지막에 흐지부지하게 마련이다." 맹자가 말했다. "군자는 사물을 아끼는 마음이 있지만, 어진 마음은 없다. 백성에게 어진 마음은 있지만 혈육 같은 마음은 없다. 혈육처럼 가까이하고 백성을 어질게 대하며, 백성을 어질게 대하고 만물을 아끼는 법이다."

맹자가 말했다. "지식인은 모르는 바가 없지만, 먼저 중요한 것에 힘써야 한다. 어진 자는 사랑치 않는 바가 없으나, 먼저 지혜로운 자를 가까이해야 한다. 요순의 지식을 가졌어도 고루 미치지 못함은, 먼저 힘쓰는 바가 있기 때문이다. 요순의 어짊이 있어도 고루 사랑치 못함은, 지혜로운 이를 가까이하기 때문이다. 삼년상도 제대로 못 챙기면서, 꼬투리만 잡고 늘어지는 격이요, 우걱우걱 씹으며 줄줄 흘리는 주제에, 남 젓가락질 흉보는 셈이다. 이는 먼저 힘쓰는 바를 알지 못함을 가리킨다."

『맹자』 진심장에서는 세상을 살아가면서 부딪히는 문제를 근본적으로 다루기 때문에, 인간의 내면을 들여다보는 내용이 많습니다. 그리고 이는 앞서 고자와의 토론에서 다루어진 문제의식과도 일치합니다. 다시 말해 맹자가 주장하는 인(仁)과 의(義)의 세계관이란, 근본적으로 인간의 내면을 중시하는 것이란 얘기입니다. 그래서 이곳에서는 마음의 문제라든지, 양지(良知)와 양능(良能) 같은 개념들을 통해 맹자의 가르침을 결론적으로 정리하는 내용이 담겨 있습니다.

그런데 이렇게 정리된 맹자의 사상적 흐름은 언뜻 순자(荀子)의 견해와 대조적인 것으로 훗날 비쳐지기도 합니다. 그런데 공자의 가르침을 충실히 이어받는 것은 바로 맹자였다고 말하는 것이나, 이른바 도통(道統)을 따지며 맹자를 내세운 것은 지극히 자연스러운 결론인 듯 합니다. 왜냐하면 공자가 겉치레보다 인간의 내면적인 마음자세를 다루며 세상을 이해했던 것처럼, 맹자 또한 겉으로 드러나는 삼라만상의 여러 문제들을 근원적인 차원에서 풀어갔다는 점에서 공자의 길에서 한 치도 벗어나지 않았기 때문입니다.

이러한 점은 문자에 얽매여 가르침의 본래 정신을 잃어버리기 쉬운 세상살이에서 공통적으로 씨름하게 되는 문제입니다. 이 점에서 예수가 '안식일의 주인이 사람'이라고 선포한 것은 매우 중요합니다. 구약에서 말하는 가르침(토라)의 입법취지를 회복하려고 하는 모습이 잘 나타나 있기 때문입니다. 물론 전통적으로 이어져 온 관습이나 법조항 또한 무시되어서는 안 되겠지요. 하지만 사실 해석학에서 입법취지를 늘 짚어 보는 것은 매우 중요합니다. 이 세상의 재판정 법조문 해석에서도 늘 첫머리에 똑부러지게 다루어지는 것이 보통이니까요.

궁금하다면, 여러분들도 한 번 재판을 신청해서 그 판결문을 받아 보세요. 법원에서 보내주는 판결문 첫머리에는 대부분 떠억하니 먼저 입법취지가 자리잡고 있습니다. 그러나 구태여 법원까지 가고 싶지 않은 사람들이라면, 『맹자』 진심편의 내용들을 차근차근 씹어보는 것으로 그 경험을 대신할 수 있다고 봅니다. 물론 이와 더불어 여기에서처럼 나란하게 성경의 말씀도 찬찬히 새겨 본다면 금상첨화일 테고요.

14장

진심 II

내가
하나님을 대신하리이까

14-1 _____

요셉이 그들에게 이르되, 두려워 마소서 내가 하나님을 대신하리
이까.[창 50,19]

맹자가 말했다. "양혜왕은 불인(不仁)하기 그지없구나. 어진 자
는 사랑하는 마음으로 거리끼는 바에까지 베푼다. 불인한 자는
거리끼는 것으로 사랑하는 사람에게 해를 끼친다." 공손추가 말
했다. "무슨 말입니까?" 맹자가 말했다. "양혜왕이 땅을 얻고자 전
쟁했지만 대패했다. 그리고 다시 전쟁했으나 역부족이라 사랑하
는 아들까지 죽었다. 그러므로 거리끼는 것으로 사랑하는 이를
해친 것이다."

맹자가 말했다. "『춘추』에 의로운 전쟁이란 없다. 선한 일만 있
을 뿐이다. 정복한다는 것은 웃사람이 아랫사람을 대하는 방식이
니, 서로 티격태격하는 것은 정복이 아니다." 맹자가 말했다. "『서
경』에 이르는 말을 글자대로 믿는 것은, 『서경』을 모르니만 못하
다. 내가 보기에 무성에서 일어난 일은 둘이나 셋 정도만 맞을 것
이다. 어진 사람은 천하에 적이 없다. 지극한 인으로써 불인한 것

을 다스린 것일 뿐, 어찌 그리 피를 많이 흘렸으리오?"

맹자가 말했다. "제 입으로 전략전술과 전쟁에 뛰어나다고 자랑하는 것은 커다란 죄악이다. 임금이 인을 사랑하면 천하에 대적할 이가 없다. 남쪽을 다스리면 북쪽 오랑캐가 서운해하고, 동쪽을 다스리면 서쪽 오랑캐가 아쉬워하며 왜 돌아보지 않느냐고 하소연한다. 무왕이 은나라를 치니, 가죽 수레가 삼백 량이요 날랜 용사 3천 명뿐이었다. 왕이 말했다. '두려워말라. 백성은 해치지 않는다.' 그런 까닭에 모두 엎드려 고개를 조아렸다. 정복함에 올바름을 내세워 바르게 할 뿐이니, 무슨 전쟁이 있으리오?"

14-2 _____

진리를 알지니 진리가 너희를 자유케 하리라. [요 8,32]

맹자가 말했다. "온갖 기술자와 목수가 자와 도구를 쓰지만, 뛰어난 솜씨는 저절로 나오지 않는다." 맹자가 말했다. "순 임금이 산골에서 식은 밥과 시레기를 먹으니, 평생 그럴 것 같았다. 이윽고 천자가 되니, 비단옷과 풍악을 울리고 요 임금의 두 딸을 거느리며 마치 옛부터 그런 듯 하였다."

맹자가 말했다. "이제야 비로소 이웃의 골육을 해치는 위험을 깨달았다. 이웃의 아비를 죽이면, 그 역시 내 아비를 죽인다. 이웃의 형을 죽이면 그 또한 내 형을 해친다. 그런즉 자살하지 않더라도, 돌고 도는 것이다." 맹자가 말했다. "옛적에 세관은 도적을 막기 위한 것이었다. 오늘날 세관은 앞장 서서 도적질을 한다."

맹자가 말했다. "스스로 도를 행치 않으면 처와 자식에게 부끄럽고, 사람들 앞에 도를 행치 못하면 처와 자식 앞에서도 말발이 서지 않는다." 맹자가 말했다. "알뜰살뜰 챙기는 자는 흉년에도 근심이 없고, 덕이 그윽한 사람은 어지러운 세상에서도 흔들림이 없다." 맹자가 말했다. "이름을 중히 여긴다면 커다란 나라도 양보할 수 있지만, 그렇지 못하면 한 사발 국밥에도 얼굴색이 달라진다." 맹자가 말했다. "믿음과 인과 지혜로움이 없다면 나라는 그저 허울뿐이다. 예의가 없다면 윗물이나 아랫물 모두 시궁창이 된다. 나라가 다스려지지 않으면 재물도 바닥을 드러낸다."

맹자가 말했다. "어질지 못해도 나라를 얻은 자가 있기는 하다. 그러나 어질지 못하고 천하를 얻은 자는 찾아볼 수 없다." 맹자가 말했다. "백성이 가장 귀하고, 그 다음이 사직이며, 임금은 맨 마지막이다. 그런 까닭에 백성들을 얻은 후에 천자가 있고, 천자가 된 이후에 제후가 있고, 제후가 된 이후에 대부가 있다. 제후가 사직을 위태롭게 하면 갈아치운다. 제사를 드리고 때마다 정성껏 음식을 마련하는데도 가뭄과 홍수가 이어지면 사직을 갈아치운다."

맹자가 말했다. "성인은 백세에 이르도록 길잡이가 된다. 백이와 유하혜가 바로 그렇다. 옛적에 백이의 이야기를 들으면, 고집불통이 겸손하게 되고, 주저앉았던 이가 마음을 다잡았다. 유하혜의 이야기를 듣는 자마다, 건달들이 듬직해지고 쩨쩨했던 이들이 너그러워졌다. 백세 이전의 사람들도 그러했거늘, 백세 이후에 듣는 사람들이 일어나지 않음이 없으리라. 성인이 아니라면 어찌 이런 일이 있겠는가? 또한 그때 직접 들은 사람들은 어떠했겠는가?" 맹자가 말했다. "인이라는 것은 사람일 뿐이다. 둘을 합하여 말한다면, 바로 도의 세계이다."

14-3 _____

너희로 내 안에서 평안을 누리게 하려 함이라. 세상에서는 너희가 환난을 당하나 담대하라 내가 세상을 이기었노라.[요 16,33]

맹자가 말했다. "공자가 노나라를 떠날 때 발걸음이 무겁다고 한탄하였으니, 이는 부모 나라를 떠나는 마음이다. 제나라를 떠날 때는 밥 짓다가 그대로 거두어 떠났으니, 이는 나그네 길 가는 마음이다." 맹자가 말했다. "군자께서 진나라와 채나라에서 어려움을 겪은 것은, 나라 사람 모두 경우가 없었기 때문이다."

맥계가 말했다. "이러쿵저러쿵 말이 많아서 제가 힘들어 죽겠습니다." 맹자가 말했다. "너무 기죽지 말라. 선비는 원래 미움을 받는 법이다. 『시경』은 노래한다. '걱정이 끊이지 않으니, 온통 조무래기들 입방아뿐이라.' 이는 바로 공자의 경우이다. 입방아가 끊이지 않으나 또한 포기하지 않는다는 말은 바로 문왕의 경우이다."

맹자가 말했다. "지혜로운 사람은 스스로 밝아져 사람을 일깨웠다. 오늘날에는 스스로 꼼수를 부리며 사람들을 깨우친다고 떠벌인다." 맹자가 고자(高子)에게 일렀다. "산골짝 인적 드문 길도 다니다보면 길이 생기고, 발걸음이 뜸하면 수풀만 가득하다. 이제 네 마음에 수풀이 가득하다." 고자가 말했다. "우 임금 음악이 문왕보다 뛰어난 듯합니다." 맹자가 말했다. "왜 그런가?" 고자가 말했다. "공이가 닳아 헤졌습니다." 맹자가 말했다. "어찌 그렇겠는가? 성문에 길이 난 것은, 마차로 닳아 그런 것이다."

14-4 _____

오직 너 하나님의 사람아, 이것들을 피하고 의와 경건과 믿음과 사랑과 인내와 온유를 좇으며 믿음의 선한 싸움을 싸우라.[딤전 6,11-12]

제나라에 흉년이 드니 진진이 말했다. "곳간을 열도록 선생님
께서 다시 말씀해 주시지요." 맹자가 말했다. "풍부를 생각해 보
자. 진나라 풍부는 한때 호랑이를 잘 잡았지만, 훗날 훌륭한 선비
가 되었다. 한번은 사냥꾼들이 호랑이를 쫓다가 산 속에서 도리
어 호랑이에게 몰렸다. 멀거니 풍부만 바라며 꽁무니를 빼니, 풍
부가 팔을 걷고 나섰다. 무리가 모두 기뻐했지만, 선비들은 껄껄
웃었다."

맹자가 말했다. "입은 맛을 보고, 눈은 색깔을 보며, 귀는 소리
를 듣고, 코는 냄새를 맡는다. 몸이 편안한 것은 본성이다. 하지
만 명하는 바가 있으니 군자는 본성이라 말하지 않는다. 부자지
간은 인이고, 왕과 신하 사이는 의이며, 주인과 객은 예이고, 어진
사람에게는 지혜이다. 성인은 천도를 따르는 것이 명한 바이나,
본성이 있으니 군자는 명이라고 말하지 않는다."

호생불해가 물었다. "악정자는 어떤 사람인가요?" 맹자가 말했
다. "선한 사람이고, 믿음직한 사람이다." "선이란 무엇이고, 믿음
이란 무엇인가요?" 맹자가 말했다. "힘써 바라는 바를 선이라 한
다. 몸에 익은 것은 믿음이라 한다. 가득하여 든든하니 아름다움
이라 한다. 든든하여 그윽하면 위대하다 말한다. 커서 감화되면
성(聖)이라 한다. 거룩하여 헤아리기 어려우니 신(神)이라 한다.
악정자는 처음 둘에 가깝지만, 뒤의 넷에는 미치지 못한다."

14-5 _____

찢을 때가 있고 꿰맬 때가 있으며, 잠잠할 때가 있고 말할 때가 있으며….[전 3,7]

맹자가 말했다. "묵자로부터 벗어나면, 양주에게로 가게 마련이다. 양주에게서 벗어나면, 유가(儒家)로 오게 마련이다. 오는 이를 받아들이면 된다. 양묵과 싸운다면 짐승들과 다투는 꼴이다. 이미 울타리 안에 있는데, 괜스레 다그치면 긁어 부스럼이다."

맹자가 말했다. "포루의 세금과 속미의 세금과 노역 등 세 가지가 있다. 군자는 그중 하나만 시행하고, 둘은 놔둔다. 둘을 시행하면, 백성이 굶게 마련이다. 셋을 시행하면, 가족이 뿔뿔이 흩어지게 된다."

맹자가 말했다. "제후에게 세 보물이 있으니, 토지와 인민과 다스림이다. 진주와 옥구슬을 보물로 여기면, 반드시 재앙이 일어난다." 분성괄이 제나라에서 벼슬을 맡으니 맹자가 말했다. 분성괄이 죽겠구만." 이윽고 분성괄이 죽임을 당했다. 제자들이 물었다. "선생님 어떻게 아셨나요?" 맹자가 말했다. "그 사람은 본디 그릇이 작다. 군자가 될 만한 큰 그릇이 아니기에, 그리 될 것 같았다."

맹자가 등나라에 가서 상궁에 머물렀다. 창가에 신발이 없어지니 주인이 물었다. "혹시 제자가 가져갔나요?" 맹자가 말했다. "우리가 신발 때문에 왔다고 보는가?" "아닙니다. 선생님께서는, 오는 자를 막지 않고 가는 이는 붙들지 않습니다. 혹시 슬그머니 가져가는 이도 있겠지요."

맹자가 말했다. "사람이 참지 못하는 바가 있는데, 그럼에도 참아내는 마음이 바로 인이다. 사람이 하지 못하는 바가 있는데, 그래도 하려는 마음이 바로 의이다. 모름지기 남을 해치려는 마음이 사라지면, 인이라는 것이 필요없다. 모름지기 도적질하려는 마음이 사라질 때, 의라는 것이 필요없다. 모름지기 이놈, 저놈 하는 말이 들리지 않으면, 어딜 가든 불의한 일을 벗어날 수 있다. 선비가 말해서는 안 될 것을 말하면, 이는 한몫 얻으려는 것이요, 말할 바를 하지 않으면, 이는 잠자코 한몫 보려는 것이다. 이 모두 도적질하는 것과 같다."

14-6 _____

먼저 네 눈 속에서 들보를 빼어라. 그 후에야 네가 밝히 보고 형제의 눈 속에 있는 티를 빼리라.[눅 6,42]

맹자가 말했다. "쉬운 말로 풀어내는 것은 좋은 말이다(善言).

약속을 지키고 널리 베푸는 것은 좋은 방법이다(善道). 군자의 말은, 허투루 말하지 않고 늘 도를 품는다. 군자의 품새는 몸을 가지런히 하고 천하를 태평하게 한다. 사람의 병통은, 자기보다 괜스레 남의 밭에 대해 이러쿵저러쿵하는 것이다. 남에게 바라는 바는 많아도, 자기가 해야 할 바에 대해서는 소홀하다.

요순은 본성에 가까운 사람이고, 탕왕과 무왕은 이를 회복한 사람이다. 행동거지와 매무새가 예에 맞는 자는 지극한 덕에 이른 것이다. 곡하며 슬퍼하는 것은, 살아 있는 이를 위함이 아니다. 덕을 쌓고 굽히지 않음은, 보상을 바라지 않는다. 말에 믿음을 담는 것은, 자기를 정당화하려는 것이 아니다. 군자는 옳은 길을 걸으며, 하늘 뜻을 기릴 뿐이다."

14-7 _____

내가 그를 위하여 모든 것을 잃어버리고 배설물로 여김은…….[빌 3,8]

맹자가 말했다. "높은 지위를 가진 사람에게는 그러려니 대하고, 지나치게 우러러보지 말라. 높다란 계단과 커다란 대들보 집에 살아도, 이를 마음에 두지 않는다. 어마어마한 수랏상과 굽실

거리는 하인이 있어도, 신경 쓰지 않는다. 진한 술로 향락하며, 말을 몰아 사냥을 즐기고, 기다랗게 수레를 거느려도 거들떠보지 않는다. 그 따위는 내 알 바 아니다. 한결같이 옛 가르침들이 있으니, 내 어찌 그들 앞에 벌벌 떨 필요가 있으랴." 맹자가 말했다. "마음을 다스림에 있어, 욕심을 줄이는 것보다 좋은 것은 없다. 욕심을 줄이면, 마음을 다스리지 못하는 경우가 극히 드물다. 욕심이 너무 과하면 제대로 되는 경우가 드물다."

증석이 곶감을 좋아했다. 그러나 증자는 차마 곶감을 먹지 못했다. 공손추가 물었다. "고기와 곶감 중에 어느 것이 맛있나요?" 맹자가 말했다. "당연히 고기이다." 공손추가 말했다. "그런데 왜 증자는 고기는 먹으면서 곶감은 먹지 않았나요?" 맹자가 말했다. "고기는 누구나 좋아한다. 곶감은 사람마다 다르다. 이름은 다르지만, 성씨는 다르지 않다. 성은 씨족마다 같지만, 이름은 제각각이다."

14-8 _____

화 있을진저 외식하는 서기관들과 바리새인들이여. 회칠한 무덤 같으니 겉으로는 아름답게 보이나 그 안에는 죽은 사람의 뼈와 모든 더러운 것이 가득하도다.[마 23,27]

만장이 물었다. "공자가 진나라에서 말했지요. '이제 돌아가자. 후학들이 부쩍부쩍 자라 거침없으니 아련하구나.' 진나라에서 어찌 노나라 인재들을 생각하셨나요." 맹자가 말했다. "공자께서 뜻을 얻지 못하니 말씀하셨다. 열정을 가진 이는 힘차고, 팔팔한 이들은 흔들리지 않으니 말이다. 공자가 어찌 중도를 모르리오. 할 수 없으니 차선책을 택한 것이다."

"열정이라는 말은 무언지요?" 맹자가 말했다. "금장과 증석과 목피같은 이가 열정적인 이들이다." "왜 열정적입니까?" 맹자가 말했다. "뜻이 거침없이 활달하며 늘 옛 사람을 입에 달고 살지만, 가만히 살펴보면 허물이 드러나게 마련이다. 열정적인 이들이 드물어 부정한 것에 물들지 않는 이를 찾으니, 이들이 바로 팔팔한 이들이다. 일찍이 공자가 말했다. '내 집을 그냥 지나쳐도 이를 아쉬워할 바 없으니, 이는 향원일 따름이다. 향원이라는 것은 덕을 가로채는 적이다.'" "그러면 어떤 경우가 향원인가요?" 맹자가 말했다. "큰소리로 말만 번지르르하고 막무가내로 행동한다. 또한 '어찌 옛사람 타령만 하리오. 어찌 성큼성큼 서슴없이 내닫기만 하리오. 세상에서 살려면 세상과 나란히 굴러가니 좋은게 좋은 거야.' 하며 사바사바 꼬리치는 이들이 바로 향원이다."

만장이 말했다. "어느 동네든 터줏대감은 마찬가지입니다. 어째서 덕을 해치는 자인가요?" 맹자가 말했다. "잘못해도 들추어낼 수 없고, 허물이 있어도 드러낼 수 없다. 매끈하기가 이를데 없고 감쪽같으니, 겉으로는 믿음직하고 든든하며 행동거지가 흠 잡을 데 없다. 모두 속아 넘어가지만, 그렇다 해도 요순의 도에 이르지 못한다. 그런 까닭에 덕을 해친다고 한다. 공자가 말했다. '무늬만 비스무레한 것을 꺼리니 강아지풀을 싫어함은 싹수가 노랗기 때문이요, 번지르르한 것을 꺼리니 의를 어지럽히기 때문이다. 입만 나불대는 것을 꺼리니 이는 미쁘지 못하기 때문이요, 정나라 음악을 꺼리니 이는 올바른 음악을 해침이라. 자색을 꺼려함은 본래 색을 어지럽히기 때문이고, 향원을 꺼리니 이는 덕을 어지럽히기 때문이다.' 군자는 정도를 되새길 따름이니, 줄기가 바로 서면 백성이 흥하게 되고, 백성이 흥하게 되면, 거짓과 숨겨진 것이 사라지게 된다."

14-9 _____

나의 하나님 나의 하나님 어찌하여 나를 버리셨나이까.[막 15,34]

맹자가 말했다. "요순으로부터 탕왕까지 오백여 년이니, 우 임금과 고요같은 이가 살던 시대였고 탕왕이 익히 귀로 듣던 시대였다. 탕왕으로부터 문왕까지 오백여 년이니, 이윤과 내주 같은 이가 보아 알던 시대였고 문왕이 익히 들어 알던 시대였다. 문왕부터 공자까지 오백여 년이니, 태공망과 산의생 같은 이가 살았던 시대였고 공자가 익히 들었던 시대였다. 공자 이래로 오늘까지 백여 년 너머 흘렀으니, 성인의 시대가 그리 멀지 않으며 성인의 살던 동네 또한 멀지 않다. 그러나 발자취가 아련하니 앞날 또한 아련할 뿐이로다."

공자의 경우와 마찬가지로 맹자도 흔히 말하는 시대의 불운아라고 볼 수 있을 겁니다. 춘추시대의 공자가 한평생 이곳저곳을 다니며 뜻을 펼쳐보려고 애쓴 것을 보아도 그렇고, 전국시대에 이르러 맹자가 천하만국과 사해동포를 두루 헤아리며 이른바 대동세계의 깊은 뜻을 품었으나 끝내 이를 펼쳐보지 못한 공통점이 드러나기 때문이지요. 그리고 『논어』와 『맹자』 본문을 보면, 그 아쉬움의 파편들이 곳곳에 그림자처럼 따라다닙니다. 물론 그 뜻과 가르침은 결과적으로 동서와 고금을 모두 어우르는 영원한 인류의 보물로 남게 되었지만 말입니다.

성서에 나타나는 예수는 더욱 드라마틱한 모습입니다. 그는 하늘 아버지의 뜻을 받아 세상에 이를 펼치기 위해 애씁니다. 공중을 나는 새와 굴속의 여우보다도 못한 떠돌이 삶을 마다하지 않았지요. 그러다가 삼십 대의 팔팔한 나이에 참으로 비참한 십자가에서의 죽음을 맞이하게 됩니다.

공자 또한 안회를 잃고서 하늘을 우러러 토해냈던 긴 한숨과 저린 마음이 아직도 가시지 않고 생생하기 그지없습니다. 그리고 늘그막 즈음에 지나온 발자취를 뒤돌아보며 인생을 회고하는 맹자의 마음을 엿보니, 거기서 크게 벗어나지 않습니다. 동과 서 옛날이나 지금이나 이처럼 진리의 세계는 크게 다르지 않습니다. 애오라지 하늘만 바라보며 묵묵히 내려주신 뜻을 헤아립니다. 그리고 그 뜻을 이루기에 목숨이 다할 때까지 뚜벅뚜벅 그치지 않는 발걸음일 뿐입니다.

소크라테스는 또 어떻습니까? 마찬가지로 묵묵히 독배를 마시면서 사랑하는 제자에게 담담하게 말할 뿐입니다. 자신의 장례를 준비하는 마음으로, 잊지 말고 아스클레피오스(Asclepios) 신에게 빚진 것을 부탁하는 한마디가 바로 그의 유언이지요. 그리고 이쯤에서 자신을 위하여 귀한 옥합을 가져다 깨뜨린 여인을 애틋한 마음으로 바라보며 말씀하던 예수도 겹쳐집니다. "저가 힘을 다하여 내 몸에 향유를 부어 내 장사를 미리 준비하였느니라. 내가 진실로 너희에게 이르노니 온 천하에 어디서든지 복음이 전파되는 곳에는 이 여자의 행한 일도 말하여 저를 기념하리라(막 14,6-9)."

하늘을 우러러 한 점 부끄러움 없고 땅을 굽어 모든 이에게 떳떳하고자 했던 맹자의 삶의 발자국들은, 이제 우리네 인생길의 한결같은 등불로 남아 있을 뿐입니다. 이처럼 가슴저린 선인들의 발자국이 춘추전국시대와 다를 바 없는 오늘 신자유주의 시대를 살아가는 우리네 삶을 더욱 푸근하고 따뜻하게 만듭니다. 오늘 우리도 거기에 발자취 하나를 더하여, 이 땅에서의 발걸음으로 남게 되길 빌어마지 않습니다. 그래야만 힘들게 씨름했던 맹자와의 기다란 여정을 훌훌 털어 버리고, 홀가분하게 마지막 장을 덮을 수 있을 테니까 말입니다.

성서로 만나는 맹자의 세계

등록 1994.7.1 제1-1071
1쇄 발행 2016년 1월 31일
2쇄 발행 2016년 12월 31일

지은이 이종찬
펴낸이 박길수
편집인 소경희
편 집 조영준
관 리 위현정
디자인 이주향
펴낸곳 도서출판 모시는사람들
         03147 서울시 종로구 삼일대로 457(경운동 88번지) 수운회관 1207호
전 화 02-735-7173, 02-737-7173 / 팩스 02-730-7173

인 쇄 상지사P&B(031-955-3636)
배 본 문화유통북스(031-937-6100)
홈페이지 http://www.mosinsaram.com/

값은 뒤표지에 있습니다.
ISBN 979-11-86502-42-6   03210

이 도서의 국립중앙도서관 출판예정도서목록(CIP)은 서지정보유통지원시스
템 홈페이지(http://seoji.nl.go.kr)와 국가자료공동목록시스템(http://www.
nl.go.kr/kolisnet)에서 이용하실 수 있습니다.(CIP제어번호: 2016000721)